于若木画传

陈云纪念馆 编著

上海社会科学院出版社

谨以此书纪念

于若木同志诞辰 100 周年

辩正唯物论唯物

辩正法是马克思主

义的要点

书赠陈云时年八十

陈云

1985年陈云为于若木题字

前言

凝聚一个世纪的爱

　　于若木,生于1919年,这个五四运动爆发的时代。五四运动揭开了新民主主义革命的序幕,促进了马克思主义在中国的传播和发展,青年学生和工人阶级走上了历史舞台。于若木,注定成为这个时代中的一员,要与这个时代同呼吸、共命运。国祚衰微,民不聊生,艰辛与坎坷等着她去磨砺;思想碰撞,道路选择,使命与责任等着她去实现。于若木,这位出身于教育世家的女子,一生不避风雨,勉力向前,为国执着,为爱倾情,谱写了一曲动人的诗篇。

　　于若木原名于陆华,出生于山东省济南市七家村。她的父亲于明信曾留学日本,归国后出任山东省立第一师范学校校长,为山东近代教育的奠基人。五四运动时期,他宣扬新文化,反对旧文化。抗战中,为抵制日本奴化教育,与友人共筹济南正谊中学复课。父亲的爱国情怀浸润了于若木兄妹6人。她在有远见卓识的父兄等人的引导下,开始接触进步思想。正是父亲的学者风范、开明教育,以及《兰亭序》那样的千古绝唱熏陶了她,给了她深厚的传统文化底蕴。于是,她在奔赴延安之后,自取名为"若木",所谓"折若木以拂日兮,聊逍遥以相羊",源自《楚辞·离骚》之句。

　　于若木年少时在济南接受了很好的家庭、学校教育,进而在二哥于道源的帮助下,考入北平市立第一女子中学。在这里,她在共产党员郭明秋的引导下,阅读了关于大革命和辩证唯物主义、历史唯物主义等进步书籍。在学校读书期间,正逢"一二·九"运动爆发,年仅16岁的于若木积极参与了学生运动,活跃在斗争第一线。次年1月,她加入中国共青团,并在学校担任民族解放先锋队分队长,从事地下交通工作。同年9月,她正式

于若木

加入中国共产党。她说:"在国民党黑暗统治下,看不见个人的前途,在接受了进步思想后,认识到不改造整个社会是找不到个人出路的。"

使命的感召,时代的呼唤,于若木在1937年告别父母,拉着小妹,一起奔赴延安。延安,这个远在西北一隅的小镇,尽管物资匮乏、条件艰苦,但依然不妨碍成为中国革命的圣地,成为青年人梦寐以求的理想所在!经过了漫长的西行路,奔驰在西北高原的漫卷黄沙里,终于来到了向往已久的延安,开始了她新的人生路。

于若木不仅深爱着她的祖国,也无怨无悔地爱着一生忠于党和人民的革命家陈云。她在延安三见陈云,一生定情。1937年11月底,陈云一行乘飞机来到延安,毛泽东连呼:"真是喜从天降!"近在咫尺的于若木初见陈云,留下了极好的印象。不久,成仿吾校长召开陕北公学党员大会席间,陈云款步而入,深刻讲述了要青年知识分子,不要搞关门主义,要大量吸收党员,革命事业离不开知识分子!在窑洞里的昏暗麻油灯下,模糊却和蔼可亲的面容,第二次拉近他们之间的距离。在一次形势报告会上,他讲到面对广大革命知识分子像朝山进香一样奔赴延安,我们应该敞开大门欢迎。这位中央组织部部长深入浅出的报告,形象生动,又令人肃然起敬。三见陈云之后,一个机缘使她来到陈云身边。在组织的安排下,她为了照顾身体虚弱的陈云,逐步走进了他的视野。最终,老实人和老实人走到了一起。这一走就是58年,风雨同舟,患难与共。他们是夫妻;是师生,是上下级,更是同志。在战争年代,在和平岁月;在顺境中,在逆境中,他们都互相信任,坚忍不拔。直到生命最后,陈云执子之手,问了一句"这一辈子我没有骗你吧",令人涕然泪下。

于若木倾心营养事业,为孩子们保驾护航。她从80年代开始涉足营养学,其实缘起对孩子的爱。一个偶然机缘,她了解到大学生因为营养不均、习惯不好等问题导致身体状况欠佳。她认为国民身体素质不佳是关系到国家前途命运的大事,而目前营养学在我国却是极其落后的事业。这种状况使她心里怀有危机感、责任感、使命感;燃起了她深深的忧患意识,鼓起了她强烈的奋发精神。从此,她开始投身于这项伟大事业。那时她已年届花甲，一切从零开始。她研究营养学，宣传营养知识，支持营养杂志的建设和发展。她关心婴幼儿营养，特别关注学生的营养。她常说，营养是素质教育中不可忽视的部分，学生营养问题是整个社会的问题。她通过大量地研究认为，学生营养餐是世界潮流，应在学生中推行营养餐制度。她发起建立中国学生营养促进会，并指出它是具有时代特点和意义的。

90年代，她不顾年事已高，为国民尤其是为青少年的营养问题呕心沥血、无私奉献、艰辛探索。她定计划、抓落实，倡导实施护苗工程、大豆行动计划、学生饮用奶计划等工程；她顶风雪、斗严寒，奔波于祖国各地、奋斗于各行各业、沟通于各级领导，为关心学生的营养事业发展作出了重要贡献。"双手扶持千木茂，慈怀灌注万花稠"。一位友人赠送给她的这副对联，可谓是对她献身营养事业20余年的真实写照。

于若木一生钟情陈云，爱屋及乌，也深深爱着他的家乡青浦。战争年代，陈云远在北方无力南顾。新中国成立后，陈云多次回家乡调研。1955年，她第一次跟随陈云来到青浦练塘的陈云故居，看到了当年他曾经战斗过的小蒸枫泾农民武装暴动指挥所旧址，深深地爱上了南方的寸草寸土。她参观大观园，考察练塘、小蒸等地的工厂，关心青浦的医疗、文化事业。1987年底，她为青浦革命历史陈列馆揭幕写来贺词。2000年6月，陈云纪念馆正式对外开放，她欣然参观，并感慨地说："在参观陈云故居时，我有回家的感觉！"这一份真挚的爱，深深地埋藏在心间。两年后，她为纪念馆挥毫题下"尽善尽美，精益求精"八个大字，示范着工作人员的行为。

于若木关爱着革命老区。她先后五次来到被陈云称之为第二故乡的白山和临江革命老区，关心青少年成长，牵挂老区贫困学生，并向希望学校捐款；关心着老区的经济发展，老区人民的生活水平，并在病床上为老区解决发展中遇到的难题。她与老区结下了深厚的感情。贵州遵义、新疆哈密等地都留下了她的足迹。这些足迹是她关爱老区人民的最好见证。

于若木深爱着她的家人。她常跟大女儿伟力说："你是老大，要照

于若木

顾好弟弟妹妹。"而她的一生也就是在尽心尽力地照顾陈云,照顾整个家庭的生活。在孩子眼中,她是一位伟大的母亲。因为她无论在工作上还是在操持家务上都很聪明,很能干,也很有才华。她的兄妹都是很有学问的学者、教授,所以她很引以为自豪。女儿伟兰常说,母亲要求我们多读书。小时候,母亲给我们买了一个特大的书橱,里面充满了如《卓娅和舒拉的故事》《一千零一夜》等各种书籍。她经常带着我们逛书店,看到很好的书,不论多贵都要买下来。有一次,我为了读书猫在厕所不上床睡觉,她知道后摸着我的头说:"你这样看书,妈妈很高兴!"她也非常关爱第三代。她每年给孩子们5元压岁钱,同时附上一封意味深长的信,要求孩子们读好书、做好人、做有理想、有抱负的人。因为爱,她一针一线细密编织着生活,她让家人紧紧偎依在她的身边。

于若木,她爱国家、爱丈夫、爱家人、爱孩子,一生为爱执着。当年国破山河碎,她少年北向,求学励志。在结识陈云后,她深知自身知识浅薄,不断学习,锐意进取。她一生为人低调,不事张扬,却为民族和国家作出了应有的贡献。

斯人已逝,风范长存。我们相信,于若木在新时期所开创的营养学事业,在改革开放春风的沐浴下,在党中央的关心下,在营养学界全体同仁的共同努力下,一定会绽放出更加美丽的花朵!

国昌修明史。今年是于若木诞辰95周年,明年是陈云诞辰110周年,故撰写此书。本书以翔实的资料,客观、公正地再现和评价了这位共和国领导人的夫人,这是我们最大的收获。

陈云纪念馆
2014年9月

于若木简历

于若木，原名于式榖，又名于陆华，1919年4月15日出生于山东省济南市。1935年参加"一二·九"运动，1936年1月加入中国共产主义青年团，同年9月加入中国共产党。1937年10月被分配在陕北公学学习。1938年1月被派送到中共中央党校学习，同年3月与陈云同志结为革命伴侣。1943年12月调西北财经办事处任机要秘书。

1950年5月，于若木调中央财经委员会专家联络室从事翻译工作。1957年调国家科学规划委员会资料室工作。1961年担任陈云同志秘书。1964年12月调中国科学院植物研究所。1969年至1973年下放到中国科学院湖南衡东草市和湖北潜江干校劳动。1979年9月任中共中央办公厅秘书局办公室主任。1981年1月任中共中央书记处研究室科技组顾问。

80年代初，于若木涉足营养学领域并进行探索研究，先后汇集出版了《于若木文集》《于若木论学生营养》《于若木与中国营养促进文集》等专著，倡导实施了护苗工程、大豆行动计划、学生营养餐及学生饮用奶计划等工程，为营养食品的发展、提高中华民族素质作出了重要贡献，先后被聘为中国营养学会荣誉理事、微量元素与健康学会名誉会长、中国食品工业协会顾问等。她是第五、六、七届全国政协委员。

2006年2月28日于若木在北京逝世。

于若木

目 录

教育世家

  于若木，原名于式穀（gǔ），又名于陆华，祖籍山东淄博临淄区齐都镇葛家庄。1919年4月15日（农历己未年三月十五日），出生在山东省济南市七家村。

  济南，今山东省省会，因位于济水南岸而得名，七家村位于济南市历下区。对于七家村村名的来历，有着两种不同的说法。一种说法是1917年春天，（东）青龙街以东还是一片荒野农田，当时有7位教师看中了这个地方，打算在这富贵风水之地的青龙街外建房居住。1919年春，几处房院相继落成，7户人家陆续搬迁落户，形成了一个小小的村落，人们便以相居的7户人家而命名为"七家村"。还有一种说法是，最早来此定居的人是历史教师祁锡育，他通晓天文地理、古今历史，对济南的情况更是十分了然，看中了（东）青龙街以东的这片地方，此地南距黑虎泉及老城墙东南角上的"魁星楼"很近，北到清光绪三年（1877）新开的巽利门也不远，故以选址及第一定居人的姓定名为"祁家村"，后相继来了几位好友（于明信、杨玉泉、王俊千、吴级震、吴天墀、赵某），才改名为"七家村"的。因"祁家村"之名历时甚短，故"七家村"一名便流传于世了。

  葛家庄，近水傍田，是立村宝地。自明万历四十二年（1614年）起，于、马、冯三大姓相继迁入，渐成望族。据村民回忆，2002年前后，于若木为葛家庄题写了村名。葛家庄是礼仪、文明之村，历史上孕育了不少爱国志士和优秀文化人才，著

山东省淄博市临淄区齐都镇葛家庄

名教育家、于若木的父亲于明信就是其中之一。

于明信(1882～1948),字丹绂,齐都镇葛家庄人。1910年,被任命为青州初级师范学校校长。1913年与同盟会会员刘冠三、蒋洗凡、鞠承颖、王祝晨等人创办济南正谊中学。不久,东渡日本,就读于早稻田大学,是我国早期派往日本的留学生之一。1916年归国,出任山东省立第一师范校长,是山东近代教育的奠基人。1919年"五四"运动前后,与友人在济南创立"尚学会",宣扬新文化。1923年春,受命去日本赈济震区灾民并留任山东省留日学生经理员。1928年归

于若木的父亲于明信

济南正谊中学校门及保留下来的教学楼

国后，因不满时任山东省主席韩复榘，赋闲济南七家村。此间曾应聘撰修《齐河县志》，任教于曲阜师范、济南齐鲁中学。于若木曾回忆说："在我记事的时候，父亲一直是在中学教书或当中学校长兼教书，我们家在济南，但父亲经常是在山东各县教书。如在益都、曲阜、曹州都教过书。听母亲说，父亲还到日本去过，在日本管理过留学生，时间好像不长。"

1937年冬，日军占领济南，于明信年高体弱，不得已困守敌中。为了抵制日本人的奴化教育和保护校产，1938年春，于明信与友人筹划私立济南正谊中学复课，被推主持校务。

1939年6月，他逃出济南，隐居于北京西郊嵩祝庵。为避脱纠缠，后潜回故乡齐都镇葛家庄。抗战中，曾为掩护抗日群众被日伪政权逮捕。抗日战争胜利后，隐居济南七家村。1948年病逝。

于明信的夫人姓张,按照当年的"规矩"叫"于张氏"（1880—1962）。"于张氏"是一位心地善良、勤劳慈祥的家庭妇女,虽然文化不高,但嫁到于家之后,受到于明信的文化熏陶,不仅会背唐诗宋词,而且会写一手漂亮的毛笔字。新中国成立后,她住在北京民族学院大儿子于道泉的家

于若木的母亲

里。于若木差不多每个星期都带孩子们去看母亲。看到孩子,她总是非常的高兴。20世纪60年代,"于张氏"在北京病逝。

于明信共有六个子女,分别为长子于道泉、长女于式玉、次子于道源、次女于式金、三女于式毂（于陆华）、小女于式坤（于陆琳）。

于若木带孩子看望母亲

于若木

于若木的大哥于道泉

　　于道泉（1901～1992），藏学家、语言学家、教育家。1920年入齐鲁大学，主攻数学、社会学和欧美史，1924年毕业。后在北京大学,任钢和泰教授(俄国男爵,北京大学梵文教授）的课堂翻译,并从其学习梵文、藏文、蒙文。在北京大学，于道泉受陈独秀、李大钊等人的思想影响，走上了革命的道路，参加了中国共产党的地下组织，并积极地向弟妹们灌输社会主义、共产主义思想，鼓励他们走上革命道路。于若木曾说："我是在上初中二年级的时候到我大哥家里去住的，一直到高中二年级都由大哥供给。"于若木正是受到哥哥的影响，开始接触进步思想。

印度诗人泰戈尔应胡适之邀访华，当时于道泉（后排左一）任翻译（1924年）

新中国建立前夕，于道泉放弃了海外的舒适生活，毅然回到祖国，以自己的专业所长为祖国和藏学事业作出了突出贡献。在北京大学东方语文系首开藏语专业，为国立北平图书馆收集少数民族语文图书，帮助中央人民广播电台筹备开播了藏语节目。特别是作为中央民族学院藏学专业的奠基人，于道泉多年来为国家培养了大批藏学专门人才。在教学的同时，还积极组织编纂适合学习和研究之用的专业词典。

于式玉（1904～1969），自幼熟读四书五经，1924年随父赴日，就读于早稻田音乐学院，因不能忍受周围人对中国人的歧视、辱骂而弃学归国。1926年，日本创办了奈良女子高等师范，于式玉奉父命再次东渡日本考入该校本科，攻读文史，1930年毕业回国。在燕京大学

于若木的大姐于式玉

教授日本历史课，兼在燕大图书馆日文部从事编目工作，同时还兼北平女子文理学院日本历史科教学。后经长兄于道泉介绍，与著名的社会学家、人类学家、民族学家李安宅结婚。

1942年于式玉与丈夫李安宅先后赴成都。李安宅在华西大学任社会系主任，于式玉在华西大学边疆研究所当教授。1946年赴美国哈佛大学图书馆编写日文书刊目录。1949年2月返国。同年12月，于式玉应贺龙之邀，参加第二野战军第十八军政策研究室的组建，随军进藏，筹办了昌都小学、拉萨小学。1956年于式玉调回内地转入西南民族学院工作，

于若木

于若木的二哥于道源

1959年调入四川师范学院任教授。1969年8月病故于成都。

于道源（1912~1948），是中国共产党早期的无线电专家之一。早年随父在济南上学，中学毕业后，考入北京大学国文系。受其兄影响，先后学习了维吾尔语、土耳其语、世界语，并用世界语翻译了《无线电讲话》。

1937年七七事变，日军入侵中国。北京大学同清华大学、南开大学合并为西南联合大学，于道源到西南联大任教。七七事变后，于道源毅然投笔从戎，于1939年到延安。短期学习后，化名江枫，被派到山东搞地下工作，曾在八路军115师担任电讯培训班教员，担任过军区电台台长。1948年被敌人杀害，年仅36岁。

于式金（生平不详），山东省立第一女子师范毕业后，做小学教员，曾到日本奈良女高师学习一年，因未办好公费便回国了。抗战前，因病休养一年。抗战后，同父母住在一起。

于陆琳（1921~），1937年跟随三姐于若木来到革命圣地延安，先后进陕北公学、中央党校学习。后奉命到国统区清华大学、燕京大学从事地下党

于若木的妹妹于陆琳

的工作。北京解放不久，她在邓颖超同志关心支持下，选择了教育工作。1949年2月，她开始筹建北海幼儿园。她说："北海幼儿园是'化缘'化起来的。"她找一些老同志要建筑材料，又找梁思成进行了设计。终于，北海幼儿园落成，于陆琳任第一任园长。

1952年，于陆琳被教育部选拔留学苏联，攻读学前教育专业。四年后回国，在北京师范大学教育系主讲学前教育和语言教学法，后任系主任、党总支书记等。"文革"中，于陆琳受到冲击，被下放到广东。党的十一届三中全会后彻底平反，于陆琳调到军事学院从事教学科研和图书馆的领导工作。

1982年，年已花甲的于陆琳怀着"老骥伏枥、志在千里"的雄心壮志，参与到创办中华社会大学的紧张工作中。该校于1982年3月正式成立，她任副校长兼教务长。1986年，任校长。

于若木

> 关于母亲的家世，她讲得最多的一位是她的父亲——我的姥爷。姥爷是一位中学校长，办教育的，在当地有一定社会地位，有一定影响。家境也算是中上，一般的吃、穿、用都不缺。辛亥革命前后，在当地是有名的新派人物，讲男女平等、讲民主共和、讲人民大众、讲教育，是思想非常活跃和比较激进的。所以姥爷的孩子受到的教育都非常好。大舅和大姨都是教授学者；二舅也是个学者、知识分子，为革命牺牲了；二姨师范学校毕业，当小学老师；小姨是教育家；我母亲后来从事营养学的研究。姥爷的孩子基本上都参加

了革命。大舅和大姨同是研究藏学的学者，都是牛津大学有名的教授。我后来去英国托人打听，问牛津大学还记不记得有这么个人，他们说记得，是很有名的藏学家，研究中国的西藏文化。

我的姥姥是一位心地非常善良的，文化不高的家庭妇女。新中国成立后，母亲差不多每礼拜都带我们去看住在大舅家的她。姥姥非常慈祥，喜欢我们这些孩子，看见我们都非常高兴。

——陈元 2013 年 12 月 12 日回忆

于若木（右一）与于陆琳在延安，怀抱长女陈伟力（右二），长子陈元（左二）的合影

投身革命

　　由于父亲是学者，于若木自小就在宽松、开明的环境中长大，接受了良好的教育，深受中国传统文化的熏陶。父亲每天教书回来，都教于若木识字、习字，要求她背诵一些古文，如《兰亭序》等。1927年，于若木进入济南市立莪雅坊小学读书，由于已经有了文化基础，她能很快掌握老师教授的内容，上了一年即转入济南市教学质量最好的一所学校——山东省立女师附小。恰巧二姐于式金在这所学校教书，于若木便住在二姐那里。后因二姐另换工作，于若木没有了住处，从家里到学校路途较远，她仅仅在这所学校上了一年，便转学到一所教会学校正德小学读书，直至小学毕业。

　　1931年，于若木小学毕业后，直接报考在济南的山东省立第一女子中学，但未被录取。董锡蕙（1919～2003）

山东省济南市汇泉小学（其前身为莪雅坊小学）

于1932年至1938年在女中读书，是于若木的同学，她曾回忆说：山东省立第一女子中学当时是山东省唯一的女子中学，实际上并没有第二和第三女子中学。当时学校面向全省招生，凡报考女中的必须来济南参加考试。如果落榜，还可以报考私立中学，当时济南有私立翰美女子中学、懿

于若木早年在北京

于
若
木

范女子中学和淑德女子中学。于若木落榜后，想报考私立中学，但费用太高，父亲不准。这时，二姐于式金正在益都四师附小教书，知道妹妹的情况后，随即写了一封信给她，叫妹妹去她那里再读一年小学。因此，于若木又前往益都重读一年六年级，读完后再回济南报考省立第一女子中学。1932年，于若木被录取。

在省立女一中时，一年级暑假，二哥于道源从北平回家，建议妹妹到北平去读书，理由是北平学校的教学水平高。于道源立即写了一封信给大哥于道泉征求他的意见，并询问可否由他供妹妹上学。于道泉立即回信表示同意。就这样，1933年9月，于若木来到了北平。到北平后，她先入私立北平两吉女子中学读初中二年级和三年级。两年之后，也就是1935年，于若木初中毕业，考入北平市立第一女子中学。

于若木入学名册

在北平市立第一女子中学，于若木认识了共产党员郭明秋。郭明秋，1935年进入北平市立第一女子中学读书，"一二·九"运动学生领袖之一。郭明秋介绍她看华岗写的《1925～1927年的大革命》《辩证唯物论和历史唯物论》两本书。于若木后来回忆说："前者看完了知道了1925～1927

于若木的入团介绍人郭明秋

年间大革命的情况及失败的原因是陈独秀犯了右倾机会主义的错误。后者看一部分，看不大懂又枯燥就没有看下去。"从《1925-1927年的大革命》一书中，于若木知道了第一次大革命的情况，对党有了进一步的认识。此后，郭明秋又给于若木一些"华北武装自卫会"的宣传单，让她转送给别的学校。

1931年九一八事变后，日本侵略中国的步伐加快，国土不断沦陷，民族危机日益严重。哪里有压迫，哪里就有反抗，全国各阶层人民不断掀起抗日救亡运动。但是，蒋介石实行不抵抗政策，到1935年，华北已是岌岌可危。

在北平，成千上万的青年学生，满怀爱国热情，以自己对祖国、对人民、对民族的赤诚，为挽救垂危的祖国而斗争。他们的热情和意志凝聚成强大的力量，掀起了一场伟大的运动，这场运动就是反对华北自治、反抗日本帝国主义的"一二·九"运动。

12月9日，北国寒冬，寒风凛冽。北平市立第一女子中学在教员孙荪荃的动员下，在郭明秋的发动下，几乎全校

于若木

女一中参加"一二·九"学生运动

出动，参与"一二·九"学生运动。于若木也活跃在斗争第一线。"一二·九"运动之后，孙荪荃的宿舍也被搜查，搜查之后即被逮捕。通过这次运动，于若木对革命有了更深刻的认识。

事实上，"一二·九"学生运动到寒假期间，学校已经停课，多数人都不到校，只有部分人还积极地到学校去活动。于若木曾回忆：记得我们当中有人到别的学校了解一些学运动态回来，介绍一些情况，散发一些宣传单，向别的学校转送宣传单等。此时，于若木受到进步思想的影响，经过革命运动的锤炼，于1936年1月加入中国共产主义青年团。

1935年的于若木与同学合影

　　1936年初，新学期刚开始，在郭明秋的主持下，在于若木家里成立了北平市立第一女子中学共产主义青年团团支部，参加人除郭明秋、于若木之外，还有王静荣和谷羽。不久，郭明秋因身份暴露，即离开北平，到天津从事职业革命活动。

于
若
木

于若木与女一中同学合影

于若木在北京就读的学校——北平市立第一女子中学

　　于若木入团后不久，当时北平市委的同志即和她接头，要以她的住处作为党的交通站，由她来传递党的文件。当时，有人把文件送到她的住处，再由另外一个人到她的住处取走。大多数时间，她的住处是作为天津和北平之间的中转站。有时，在她家里存放有两大箱党的机密文件。于若木回忆说：这些机密文件"多半是油印的党内刊物，以极薄的纸刻写的极小的字。刊物的名称好像是'火线'"。

　　从这时起，于若木开始在学校里担任女一中中华民族解放先锋队（简称民先）分队队长，同时又从事北平市民先地下交通的工作。这时地下交通工作要做的事情很多，同时又要注意隐蔽性。于若木回忆说："有时民先的文件堆了一床(初期还有学联的，有时也有党内刊物，名为'解放'，是半公开性的)。放学后，我要赶着跑遍东城、西城、南城、北城到几个点上分发。有时只送一二处。经常把文件送到辅仁大学的宿舍。"

　　1936年暑假期间，于若木犯了自由行动的错误。她曾回忆说："这年暑假我大姐要送二姐去烟台养病，需要我去照顾她。大姐告诉我时说，游泳衣都给我买好了，很快即动身。这时我向市委与我接头的同志请假，但我无法找到这位同志，只是她到我这里来，我却不知道她的地址和真实姓名。于是，我给组织上留了一封信放在家里，即动身随大姐去烟台了。在烟台借住在一个小学校的教室，自己做饭。后来在延安，我碰到了经常到我家里和我接头的北平市委的女同志，当时她在中央党校学习，我当时在马列学院学习。这时我才知道她的姓名，她叫康逢庚"，"我不经组织批准即去烟台，这是自由行动，这是错误的"。

于若木

　　于若木从烟台回到北平后，康逢庚同志即到她家里找她谈话：这种行为是不对的，以后还要跟她正式谈一次。但是，始终再未正式谈这件事。

　　于若木深刻地认识到自己的错误。她说："这种无组织无纪律的自由主义的行为，把个人利益放在第一位，把革命利益放在第二位，是对革命工作不负责任的表现。在党组织处于地下状态的时候，特别需要组织性、纪律性，要严格地坚守岗位，不然极易造成革命工作的损失，因为我的擅离岗位，事实上已经给革命工作造成了损失。这一点每当我想起来时都感到十分内疚。这一错误我在马列学院学习党的建设的讨论会上已向组织交代过并作了检查。"新中国成立后，每次填写表格，于若木都写明这一错误，以时刻提醒自己，为共产主义事业奋斗的过程中，要严守纪律，始终坚持以党的利益为重。

　　1936年9月，新学期开始。北平市立第一女子中学党组织的负责人乔彬通知于若木，共青团组织即将取消，原共青团组织的团员一律转为正式党员，于若木即转为正式党员，加入了中国共产党。乔彬回忆说："于若木由团转党，是我通知她的，时间大体是1936年的初冬，在北京，谈话内容属通知性质，大体是：上级决定，白区的青年团组织取消，团员中够条件的转党，你（指于若木）转为党员，转党后的组织联系仍由我（指乔彬）负责。据我所知，限于白区环境，那时由团转党，无须介绍人，也无候补期，不举行仪式。"于若木之所以选择转为正式党员，是因为"在国民党黑暗统治下，看不见个人的前途，在接受了进步思想后，认识到不改造整个社会是找不到个人出路的。苏联社会主义建设是最现实的榜样，他鼓舞着争取实现新社会的信心，因此愿意加入党的组织，献身于这一神圣的事业。"入党后，于若木仍旧努力工作，把家里作为党的交通站，继续担任民先分队队长和负责民先交通工作，直到1937年夏离开北平。

　　1937年暑假后，大哥于道泉的养家费停了，又久无音讯，全家在北平没有了生活来源，于是，于若木即随嫂子、侄子于培新回到山东济南。回去之前，于若木将此变动报告了党组织，组织派人把存放在他家的两箱子党内油印文件取走。于若木还把济南的地址留给组织，以便保持通讯联系。于若木到济南后，平津陷入日寇手中。不久，中共联系人乔彬到济南找于若木，与她商议前往延安一事。

于若木

奔赴延安

　　回到济南后，于若木向父亲提出要去延安参加抗日。于陆琳知道后对姐姐说："你怎么不跟我说？"接着也向父亲提出："我要跟姐姐一块儿走！"于明信当时并不十分赞成，他觉得两个女儿（分别为16岁、18岁）年龄尚小，出去做不了事；再者中国不能只需要扛枪打仗的人，将来还需要一批做建设工作的人；再说，怎么也得留下一个吧？他无法说服孩子们，便发火道："咱们这七家村我还找不出第二家来，无论男孩子女孩子都想出去当兵！"又骂于若木："你自己要走还不算，还要把你妹妹带走，你把家里人都带走了吧！你还留一个给你娘送终不？"即使这样喝斥，一个也没能留住。延安时期，两个女儿去了延安，孙子于培新考

延安时期的于若木与妹妹于陆琳

入黄埔军校炮科，后参加中国远征军赴印度、缅甸与日寇作战。

去延安之前，姐妹俩还一起回淄博向母亲告别，只在淄博老家住了一晚就匆匆赶回济南。回到济南，她俩生怕见到父亲，被父亲扣在家中，就没敢回家住，而是住到济南"平津流亡同学会"去了。碰巧刚从北平回来的二哥于道源也住在那里，二哥听说她俩要去延安，表示赞同。

于陆琳回忆说，父亲到"平津流亡同学会"看望二哥时，她和姐姐赶紧躲了起来，父亲只顾低着头走路，没有发现她们。其实，于若木姐妹多虑了，深明大义的父亲尽管舍不得儿女离开身边，但还是亲自送他们到济南火车站。火车远去看不见踪影了，他还呆呆地站在那里。

当时，爱国青年奔赴延安主要有两条途径：一是通过党组织或者个人介绍；二是参加延安各学校的招生考试。于若木是通过第一条途径进入延安的。乔彬同志从山东省委给于若木开了到延安中央组织部的介绍信。于若木和乔彬及妹妹于陆琳，还有一批平津同学即乘火车向西北前进。进入延安，西安是必经的门户，所以八路军驻西安办事处就承担了桥梁和堡垒的作用。据统计，仅1937年至1938年，八路军驻西安办事处向延安输送的青年有2万人，这里成为众多爱国青年参加革命的起点。到西安后，他们找八路军西安办事处联系去延安的问题。在八路军办事处门口，看到守卫的红军战士，戴着红帽徽的红军帽子，戴着红领章，这是于若木第一次看到工农红军，感到无比亲切。

当时西安到延安不通火车，有的人能幸运地搭上汽车，大部分人则是步行。于若木是幸运的，停留了约一、两天，他

于若木

1936年初，中国共产党在七贤庄一号院建立秘密联络处。西安事变后，中共在此设立合法机构——红军驻西安联络处。卢沟桥事变后，改为"国民革命第八路军驻陕办事处"

各地爱国青年奔赴延安

们就等到往延安送棉衣的便车，开始了自己的延安之旅。他们坐在满载棉衣的大卡车顶上，奔驰在西北黄土高原上，卡车卷着黄土走走停停，开过咸阳、三原、洛川。路上去延安的人越来越多，许多年轻人都背着背包，徒步行走，浑身上下甚至眉毛上都沾满了黄土。爬上这辆卡车的人也越来越多，大家挤在一起，在车上摇摇晃晃地颠簸着，但情绪却随着目的地的临近而愈加兴奋，最后大家索性扯开嗓子唱起歌来。

1937年10月下旬，于若木终于到了向往已久的革命圣地——延安。从白色恐怖的北平来到朗朗晴空的延安，她感到一切都是那么亲切与新鲜。进入延安后，按照当时的惯例要改名。因为用本名的话，容易使在国民党统治区的亲友受到牵连。于是，她改名为于若木。她说："'若木'出自《楚辞·离骚》'折若木以拂日兮，聊逍遥以相羊'，"按《山海经》解说，是一种"青叶赤花"的树，长在"日所入处"。她的父亲从小给她讲解《楚辞》，所以她从中取了"若木"这个名字。

延安宝塔

于若木

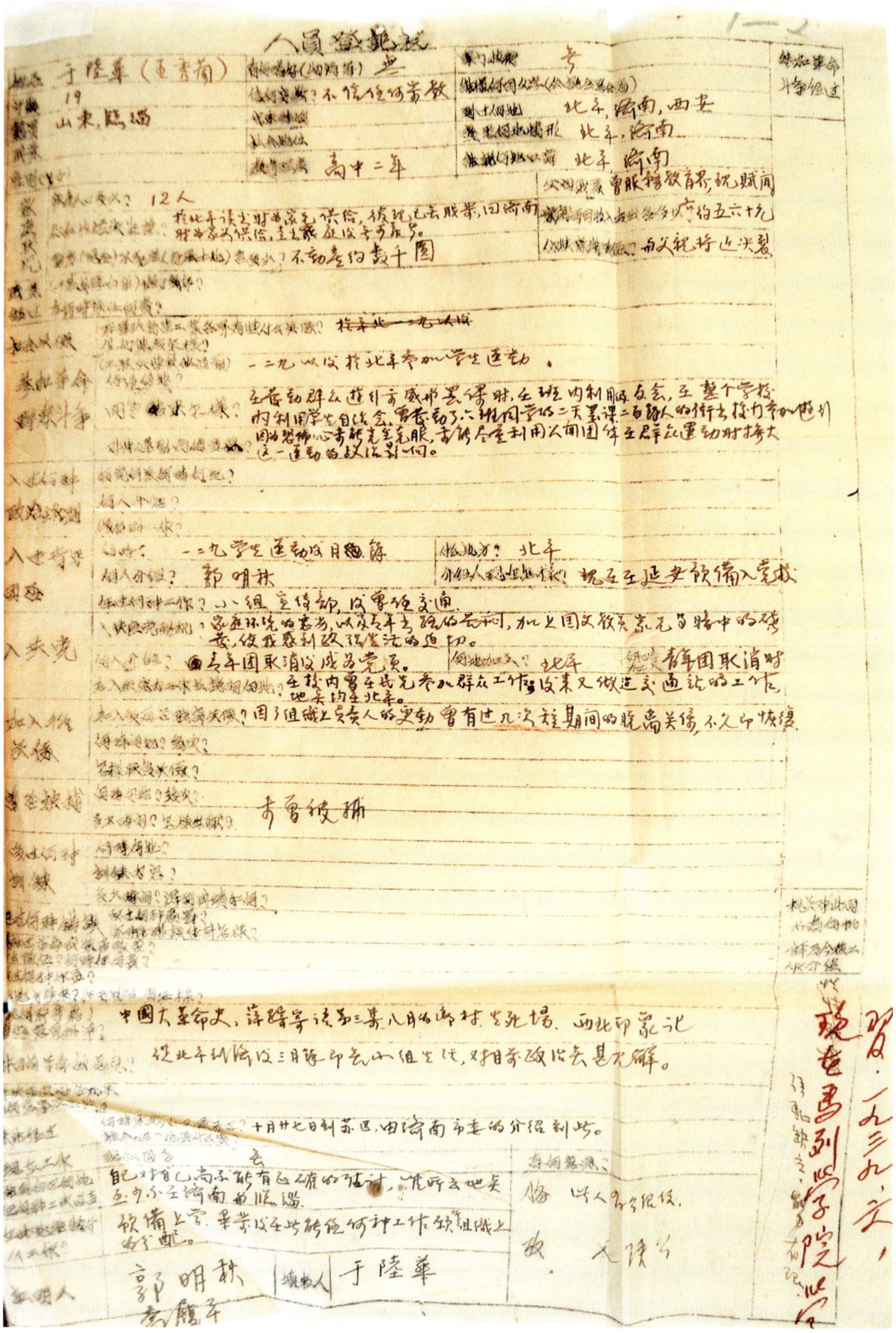

于若木在延安时期的人员登记表

认真学习

　　到延安后，于若木和妹妹被安排在刚成立不久的陕北公学学习。陕北公学是为培养革命干部于1937年建立起来的，校长是成仿吾。毛泽东给陕北公学的题词是："要造就一大批人，这些人是革命的先锋队。这些人具有政治远见。这些人充满着斗争精神和牺牲精神。这些人是胸怀坦白的，忠诚的，积极的，与正直的。这些人不谋私利，惟一的为着民族与社会的解放。这些人不怕困难，在困难面前总是坚定的，勇敢向前的。这些人不是狂妄分子，也不是风头主义者，而是脚踏实地富于实际精神的人们。中国要有一大群这样的先锋分子，中国革命的任务就能够顺利的解决。"于若木和妹妹同被分在陕北公学五队。这个队里共有13名女生，

陕北公学旧址

于若木

陕北公学学员在举行抗日集会

陕北公学学习的场景

于陆琳年纪最小，被大家笑称为"十三妹"。当时，队里除了于若木姐妹外，还有卓琳三姐妹等。她们来到延安陕公的第一课，是听成仿吾校长等领导同志讲陕公的宗旨、教学方针和学习计划，后被编入学员队，开始投入建校活动，为学习创造条件。

在陕北公学，于若木认真地学习《中国革命运动史》《辩证唯物主义》和《政治经济学》等课程。当时陕北公学的条件是艰苦的，正如有的同志回忆所说："陕北公学的物质条件十分困难，没有讲堂，没有饭堂，没有自习室。学生除了睡觉在窑洞里，整天都在露天活动。即使是在寒冬，气温降到零下20度，大家还在露天上课、读书、吃饭。但是同学们却心情愉快，精神饱满。"于若木的心情也是愉快的、高兴的。

1938年初，于若木结束在陕北公学的学习，被分配到中央党校继续学习。结业后，又进入马列学院学习。直到1939年9

马列学院旧址

于若木

中共中央党校旧址

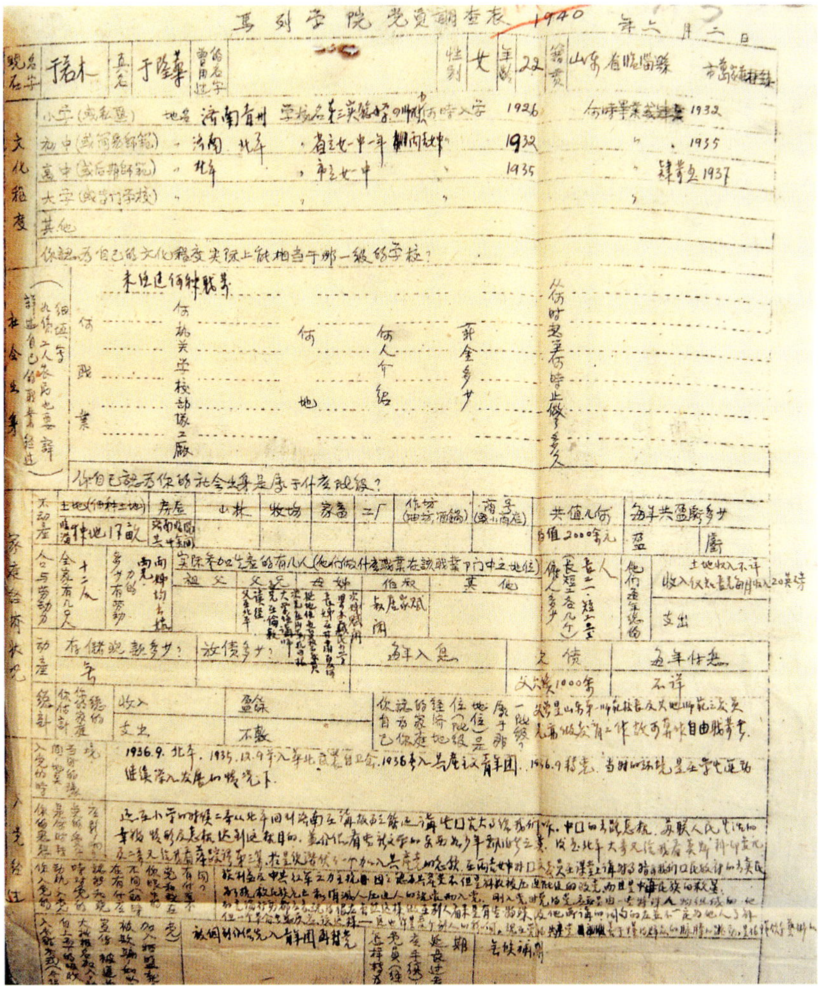

于若木在马列学院学习时的党员登记表

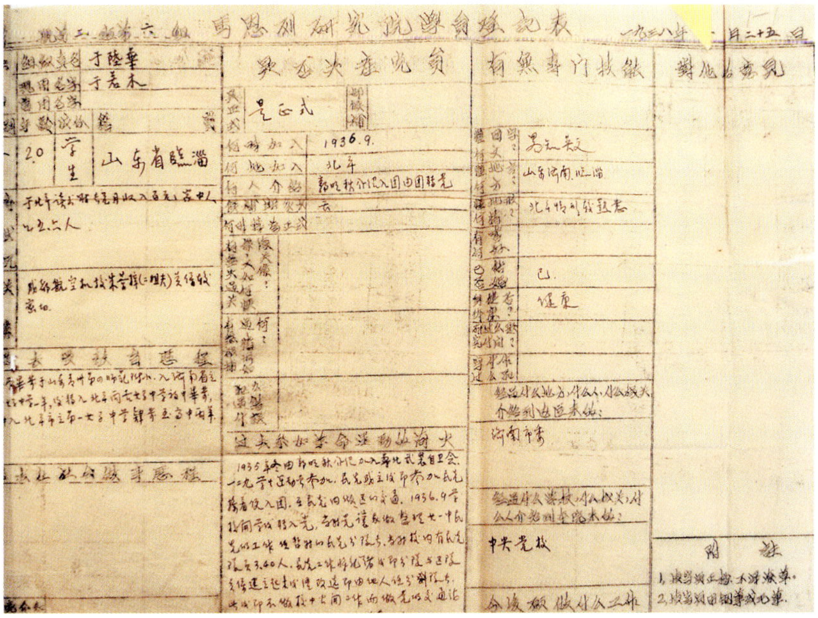

于若木在马列学院学习时的学员登记表

于若木

月，此阶段学习结束。这时，马列学院组织了一个二三十人的实习团到陕甘宁边区地方和部队中实习，于若木任小组长兼团支部组织干事。实习团流转于鄜县、庆阳、曲子、绥德等地，1940年初回到延安。回到延安后，她在中央组织部的三个月中，主要负责机要文件。后又回到马列学院继续学习。在学习期间，于若木系统学习了马克思列宁主义基本原理、中国革命史及俄语。结业时，马列学院对于若木作出鉴定："为人忠厚坦白，组织观念好，政治观念强，对党的问题了解。少批评人，但能接受别人的批评，并且能够纠正错误，生活有规律，在学习上了解问题，平常看出能力还强，记忆力不错，工作上细心负责，还有计划。可做调查统计工作或妇女工作。"同时，于若木因学习认真、工作努力，被评为"生产中的模范妇女"。

三见陈云

　　1937年11月29日，陈云搭乘飞机从新疆返回延安。毛泽东等中共中央领导人冒着寒风到机场迎接。于若木回忆说："11月29日下午，忽然听到防空警报的号声，我们赶紧向隐蔽处跑。还没跑到，就听女生队长大声喊：'不要跑了，这是自己的飞机。'于是，我们又向着飞机场跑去。可跑了没有几步，又传来命令，说不要去机场了，就在陕北公学的操场开大会。我们便回到宿舍，扛上自己的木凳子去操场集合。只见毛主席、朱老总、张闻天等中央领导人，陪着从飞机上下来的几位从苏联和新疆到延安的领导同志，在众多群众的簇拥下走了过来。为了让大家看清楚他们，用几张方桌临时搭了一个主席台。""毛主席、朱老总、张闻天、王明、康生、陈云等都在主席台上。毛主席主持会议，我就在离主席台三四米

1937年11月底，陈云（前排左一）等从新疆回到延安时，在机场受到毛泽东（前排左三）等人的欢迎

的距离。""毛主席就站在这个主席台上宣布欢迎大会开始，并首先致欢迎词。他用浓重的湖南口音，充满喜悦和激情地说：今天马克思给我们送来了天兵天将，真是喜从天降！他不断地重复'喜从天降'四个字，也不断地把自己的帽子抛向空中。随后，他向在场的群众一一介绍了王明、康生、陈云等人，他们三人也先后发表了即兴演说。这是我第一次见到陈云同志，尽管时间很短暂，却留下了深刻的印象。"

过了几天，大概是12月初的一天晚上，成仿吾在他的办公室召开陕北公学的党员大会，传达上级指示。陕公当时有学员数千人，但党员只有三四十人，女生队的党员更少，只有四五人。成仿吾办公室的天然石洞虽然不大，却也挤得下。会议进行中，陈云同志走进来了。成校长十分高兴地向他简单介绍了一些陕公党员的情况，然后请他向大家讲话。据于若木回忆，陈云同志在讲话中说，在抗日民族统一战线的新形势下，广大的进步青年知识分子心向共产党，我们不能搞

校长成仿吾（后排右二）与陕北公学教员在一起

关门主义，要从他们中间大量吸收党员，革命事业没有知识分子是不行的。他还说道：我是从新疆回来的，在这之前到过苏联。苏联是社会主义社会，是人民当家作主的国家。说着，他从兜里掏出一包香烟，告诉大家这是苏联生产的，并分给在座吸烟的人每人一支，请大家吸一吸，品尝一下味道好不好。这是于若木第二次见到陈云同志，虽然石洞里点的是一盏麻油灯，灯光昏暗，看不大清楚，但陈云那和蔼可亲、平易近人的作风，却大大拉近了他与大家的距离。

第三次看到陈云同志，是在党员大会之后不久。那天，全校师生听陈云作形势报告，大意是讲：在抗日民族统一战线和国共第二次合作的新形势下，广大革命知识分子像朝山进香一样奔向延安，我们应当敞开大门，欢迎他们。马克思主义的创始人马克思、恩格斯和无产阶级革命的领袖列

延安时期，陈云在抗日军政大学建校三周年纪念会上讲话

于若木

宁等都是知识分子，而且是大知识分子。马克思生前经常到伦敦的图书馆看书、查资料，以致他座位下面的水泥地都被他的鞋磨出一道沟。他还说，苏联人民现在安居乐业，生活很幸福。他曾问一位苏联的农民，十月革命给你们带来了什么好处。那位农民回答说：现在住房里有了室内厕所，免得冬天上露天厕所受冻了。听过陈云同志的报告后，学员们都留下了深刻的印象，并称赞这个报告深入浅出，形象生动。

这三次见陈云同志，虽然都是听他作报告，相互之间没有交流，但陈云给于若木的印象却一次比一次深，一次比一次好。陈云当时是中央政治局委员和中央书记处成员，又是中央组织部部长，这对于于若木这个普通的党员来说，已经是闻之肃然起敬了。而这三次见面，又使她在尊敬之外平添了一层爱戴。她为党里有这样的领导人而感到由衷的高兴。

喜结良缘

1937年12月9日至14日，中共中央召开政治局会议（史称"十二月会议"）。陈云出席十二月会议并作了两次发言。

陈云在延安

十二月会议后不久，陈云因过度疲劳，致使流鼻血的旧病复发，流血不止，以致于不得不停下工作休养。

为此，组织上考虑要派人照料陈云，认为担负护理工作，以女性更合适些。于是，中共中央组织部秘书长邓洁就到陕北公学五队去挑人。经过五队党支部研究，于若木政治清白，是最合适的人选。邓洁向于若木说，陈云同志是党的重要干部，现在生病，需要人护理。于若木担心地说："现在他需要一个人去护理，只是我是一位普通的中学生，从未学过护理，恐怕难以胜任这一工作。"但后来于若木得知是组织上的决定，也就服从了。这样，她就到陈云那里报到。

对初到陈云身边的日子，于若木是这样回忆的："我去后，只是给他按时往鼻子里滴滴药水，并没有更多的事可做。他因为医生要求静养，不能做很多工作，所以便经常和我聊聊天，有时还让我唱革命歌曲，我唱了苏联的'祖国进行曲'给他听。相处久了，彼此便自然而然地产生了感情，关系逐

于若木

渐密切起来。"有一天,他对我说:"我是个老实人,做事情从来老老实实。你也是一个老实人,老实人跟老实人在一起,能够合得来。你愿意和我做朋友吗?"

一点思想准备也没有的于若木,被这突如其来的话问住了。面对着陈云向她提出的这个问题,性格内向的她低着头沉默了,毕竟是人生中的一件大事,需要认真思考。陈云很理解于若木的心情,没有让她立即回答,告诉她可以征求家人的意见。

二哥于道源在延安

不久,于若木的二哥于道源来到延安,陈云将他作为于若木家人的代表,郑重其事地把他请来,向他说明了情况,征求他的意见。于若木的二哥对陈云的印象其佳,欣然同意。于是,于若木和陈云正式确定了恋爱关系,两人还互赠了礼物。

延安时期,陈云与于若木在一起

1938年3月，陈云、于若木在延安结婚

1938年3月，在延安杨家岭中央组织部一间不大的房间里，陈云与于若木结婚了。他们的婚礼十分简朴。结婚那天晚上，陈云只花了一元钱，买了些糖果、花生，请中央组织部的同志来热闹了一下，就算是婚礼了。事后，消息传开，有人要陈云请客。陈云当时刚刚从国外回国，他告诉于若木自己手里还有一些美金，在大家的要求下，陈云答应请客，但虽然答应了，从小过惯苦日子的他，已养成简朴节约的习惯，不愿意摆场面，一直到最后，他的"婚宴"也没有摆。

1937年1月，中央组织部迁驻延安城内靠西山的一个四合院。1938年11月迁至小沟坪，1941年秋移驻杨家岭，1943年又迁回小沟坪办公。这是中央组织部杨家岭旧址

陈云和于若木结婚不久，邓小平从太行山回到延安。他知道这个事情后，马上就作了一首打油诗："千里姻缘一线牵，鼻痛带来美姻缘。中山政策女秘书，先生路线看护员。"这首诗非常形象地概括了他们二人相识相恋的经过。其中，后两句是说孙中山跟宋庆龄的结合最初缘起于宋庆龄担任孙中山的秘书，而陈云寻找医疗看护，结果也促成了姻缘。

延安的生活虽然艰苦，但还是安定的。1942年，陈云与于若木第一个女儿出生，按照约定好的取名规则，女儿的名字由于若木来取，儿子的名字由陈云来取。因此，于若木为女儿取名陈伟力。1945年，他们的儿子又诞生了，陈云为儿子取名陈元。

我第一次听母亲说这首打油诗是在杭州。那时，母亲陪父亲在杭州休养，我去看望他们，就刨根问底地追问了一些陈年往事。母亲说在延安的时候，小平同志就爱开玩笑，特别风趣，还爱作诗。我就问作什么诗了，母亲就把这首诗给我念了一遍，"千里姻缘一线牵，鼻痛带来美姻缘。中山政策女秘书，先生路线看护员。"这是我第一次听母亲说，觉得挺有意思的。后来就问母亲，这首打油诗你过去没给我们说过。母亲说，是。现在你问我，就说出来了。

——陈方2014年1月16日回忆

于若木

于若木与长女陈伟力在延安

于若木与长女陈伟力、长子陈元在延安

两封书信

1939年5月28日，于若木向在英国伦敦的大哥于道泉写了一封信，介绍她在延安的学习、生活情况，她在信中说：

大哥：

意外地接到你给我们的信，给我们不少高兴和安慰。知道了你的确实的消息，知道被占区的母亲，哥哥尚在照顾着。

自从前年接到你一封说要参加比国考察的信以后，这是接到你的第二封信。这中间很少知道你的消息。因此虽然常常想到应该写信给你报告我们的情形，但恐原地址寄不到，因此迟迟未写信。

战争改变了一切。战争使得培新，紫薇和我三个未经事故的无知的孩子都离开了家。不，不只我们，多少比我们更幼小的孩子过着流亡痛苦的生活。这里应当说明我们之四散飘零既非你对我们不负责任造成的"罪"，也非"塞翁失马焉知非福"所造成的"福"，而是在民族战争大浪潮中造成的必然的结果。

……

四妹来到西北学了一年日文，能读书报及会话，现在工作。我来到这里从一九三七（年）十一月起到现在都是在学习，大概还学五个月的样子。

在这里学了半年，虽然常常觉得自己进步很慢，但与未来西北之前比较起来是多知道了不少的东西。对革命的基本的理论有了初步的认识，过去只知道革命是对的，但是为什么产生革命及中国是什么性质的社会，中国革命的性质是什么便不知道了，学了政治经济学对这些有了初步的认识。

你问我们小家庭的生活状况么？这里无所谓"家庭"。陈云同志在工作，我在学习，他住在机关里，我住在学校里，每星期六我到他那里住一天，这是延安所谓"住礼拜六"。

我和他是这样认识的：前年冬他回国后看到西北的情形很兴奋，致工作过劳使流鼻血之旧病复发，过度的流血病势相当严重，病中需要找一老实可靠的人看护，在学校里便找到了我，病人与看护的关系转到了夫妇的关系。

虽然他大了我十四岁，但是我对自己的婚姻很满意，他是一个非常可靠的忠实的人，做事负责任，从不随便，脾气很好，用理性处理问题而不是感情用事。所不痛快的是两人能力地位相差太远，在他面前愈显得自己的幼稚无能。

这里的生活吃饭穿衣是公家供给外还发几块钱的津贴。

你问我们要什么书籍，我们不需要什么书籍；我对你有这样一个希望：希望你送陈云同志一枝（支）钢笔，因为他没有。不过这个希望是在你能力所及的条件下，就是你的债还完后与寄回家里钱以后有剩余的时候。（如果关税太重或邮寄不便时也请勿寄）祝

健康！

来信请寄：延安邮政信箱第五号　于若木收

三妹　陆华

28/5　1939

于若木给大哥于道泉的一封信

　　在于若木写信前一周的一个晚上，陈云给于道泉先写了一封信。信中说："昨天，接到由甘肃转来您从伦敦来的信，很高兴。"接着陈云把抗战的形势作了详细地介绍，他说："可以断定抗日战争的反攻胜利还须经过相当长期艰苦奋斗，今后几年恐怕比目前还要苦难些，但是我们深信，我们能够而且可以胜利渡过困难。"他还介绍了西北的文化运动，说："西北的文化运动应该说是很发展的，因为这里聚集着全国的青年和不少的文化人。"在信的最后，陈云说：

　　说了半天，也想介绍一下我自己是怎样一个人。我是江苏人，出身于贫苦的家庭，五岁时（指虚岁——引者注）父母均去世，依舅父而生。自高小毕业而后，无力继续学业。即在上

于若木

海书店为学徒有七年余，此后十余年东奔西走直至如今，前年冬由欧返国，病中与陆华认识于客岁三月结婚。我们在政治与性情上一切均很合适惟年龄相差太远，今年我已三十五岁。

近阅报载，欧洲风云甚紧，英伦外交已在开始改变。如果爱好和平的国家能够联合一致，则或暂时可以阻压迫在目前之战祸。欧洲华侨甚多，谅在迫切地盼望祖国胜利的消息。我们没有别的来回答国外侨胞的热望，只有更加努力，为驱出日军而苦干。为中华民族之最后解放而苦干。匆匆，顺问近好。

弟　陈云

五月二十一夜

陈云逝世后，薄一波之子薄熙成在北京集邮市场上意外发现了3封信。其中的两封就是上面于若木、陈云写给大哥的信，还有一封是于若木妹妹于陆琳写给大哥的信。

大哥于道泉（右）在英国

陈云给大哥于道泉的一封信

薄熙成买下这3封非同寻常的信，转赠给于若木之子陈元。陈元把信交给母亲于若木。陈元回忆说："母亲看了这封信以后很激动，说这个信就是原信。母亲回忆起当时写信的情形，信上所写的内容，母亲基本上都说了。当时，之所以写信，就是母亲和父亲结婚了，要向娘家人说一声，有这么个意思。"

于若木

四层关系

于若木给陈云做的土沙发

于若木与陈云结婚后，她给陈云做了个土沙发，底下是个木箱子，后边靠背是块木板，表面垫上一些棉花，然后再蒙上她的呢子大衣。陈云窑洞里有个书架，上面放着一些马列的书。为了防止落上灰尘，她便用白布做了一个帘子，四周用拆开的黑袜子镶边，中间再绣上几朵六瓣的花，很好看。陈云原来用的是蜡烛，后来改用煤油灯，她便每天给他擦灯罩。这样，家里的东西虽然简陋，倒也显得很清爽整洁。陈云在苏联呆过，喜欢吃奶油、面包，这些延安没有，于若木便自己动

陈云和于若木在延安住过的窑洞

手，用延安的大枣做枣泥，让他抹在烤馒头片上吃。延安虽然没有奶油，但是有酥油，营养价值也很高。这个时期陈云的毛衣全是她亲手织的，孩子的衣服也全是她自己动手做的。夫妻——这是她和陈云之间的第一层关系。

婚后不久，陈云曾用三个晚上给于若木讲党史，讲到大革命失败后盲动主义给党造成的损失，讲到向忠发、顾顺章叛变后对党中央的威胁，讲到中央苏区五次反"围剿"失败后毛主席对党和红军的挽救等等。"陈云同志在洞房给于若木上党课"，一时被

延安时期，陈云与于若木在一起

中央组织部的干部传为佳话。以后，陈云让于若木到中央党校学习了5个月，结业后，她又进入马列学院学习。到那里讲课的，大多是中央领导同志和在延安的大学者。陈云也去讲过党的建设课。这门课的内容十分严肃，他讲一个党员要为共产主义事业奋斗到底就是奋斗到死，给学员留

于若木

下深刻的印象，坚定了革命的信念。他的幽默风趣，使课堂上笑声不断，气氛轻松活跃，很受学员欢迎。记得有一次，他在讲党性与个性时，模仿一位喜欢歪戴军帽的学员，把自己的八角帽也故意弄得特别歪，引得学员哄堂大笑。他对于若木说：一个领导经常板着面孔，不苟言笑，大家见了你会害怕，只能敬而远之。而幽默可以使群众感到你可亲近，有话愿意向你讲，这也是与群众打成一片的一种作风。这样，于若木和陈云之间又多了一层关系，即师生关系。

1944年，陈云调离中央组织部，担任西北财经办事处的副主任。那时，他们的第一个孩子已经2岁多了，所以于若木恢复了工作，给陈云做机要秘书，为他收发文件。几十年来，她和陈云之间形成了一个不成文的规矩，那就是陈云工作中的事不对于若木说，她也不问，顶多为陈云抄抄发言稿。例如，党的十一届三中全会的发言稿就是陈云写好后让于若木重新抄的，仅此而已。在延安时，窑洞是里外间，领导同

西北财经办事处旧址

志来找陈云谈话，于若木没有地方去，只好到院子外面的山坡上待一会儿。因此，她和陈云之间还有一层关系，那就是上下级的关系。

有人曾问过于若木："你和陈云同志在年龄、职位、生活经历上相差这么大，你们是怎样处理这个矛盾的？"早在延安时，一位女同志还用羡慕的口吻说过："于若木是怎么搞的，和陈云同志的关系那么融洽和谐！"其实，这个原因很简单，那就是她和陈云之间还有着第四层也是最为重要的最为根本的一层关系——同志关系。

> 于若木同志作为我们党的高级领导人的夫人，我认为确实堪称表率。她从不干预陈云同志的政务，也从不利用陈云同志的地位。一向处事低调，从不愿意出头露面，要求自己非常严格，而待人却非常热心，非常和蔼，非常平易近人。在建国初期，陈云同志是中财委主任，她也在中财委工作，本来完全可以搭乘陈云同志的专车去上班，但她总是自己自行上班。另一方面，她作为一个抗战前就投身革命的老共产党员，同样十分关心国家的事情，并且深知陈云同志最关心什么，想了解什么。所以，不时向陈云同志提供一些资料，反映一些基层的实际情况。比如，上世纪60年代国民经济困难时期，城市副食供应差，许多人营养不良，她便向陈云同志提出用豆制品补充蛋白质的提议，被陈云同志所采纳，成为解决暂时困难的一项重要的政策措施。陈云同志在上个世纪80年代初期提出要抢救中年知识分子，要给中年知识分子增加工资，这对于解决各个领域工作骨干青黄不接的问题起了重要作用。而陈云同志之所以提出这个提议，与当时于若木同志转给陈云同志两

于若木

封群众来信有很大关系。至于说，离休后，做促进国民营养的工作，那也是她利用自己过去在工作积累的知识而从事的一项社会公益事业。如果说这项事业所产生的影响一定程度上借助了她是陈云同志夫人的身份，我想这种借助对国家对人民是只有好处没有坏处的。

　　　　　　　　——陈云生前秘书朱佳木2014年1月17日回忆

前往东北

解放战争初期的陈云

日本投降后，陈云于1945年9月17日和彭真一起乘坐苏联飞机前往东北，担负起领导东北根据地的重任。陈云被任命为中共中央东北局委员、中共中央北满分局书记。陈云到东北工作不久，于若木带着两个孩子也前往东北，从此开始了动荡的生活。于若木没有乘飞机，而是走山路前往东北，拖儿带女，一路艰辛。于若木说，她当时乘坐的最好的交通工具是"骡轿车"——两匹骡子中间架一个"架窝子"，她带着两个孩子坐在"架窝子"里面，翻山越岭。从延安走了一个多月才到张家口。

张家口是晋察冀的八路军部队于1945年8月25日从日军手中夺得的，是当时解放区中最大的城市。在张家口，于若木受到晋察冀中央局书记聂荣臻很好的照顾。由于张家口到东北的路不通，于若木带着孩子在张家口等了好几个月，才来到哈尔滨和陈云重逢。到达哈尔滨不久，因形势吃紧，家属转移到后方。于是，于若木来到了佳木斯。到佳木斯一周后，陈云就奉命南下，到南满工作，担任南满分局书记。于若木又将刚刚打开的行李重新捆上，跟随丈夫踏上了到南满的路程。

张家口

1947年8月，陈云在通化和中共中央辽东分局、辽东军区领导人合影

于若木

临江陈云旧居

沈阳陈云旧居

　　由于种种原因，陈云和于若木一起经过吉林省的图门市到了朝鲜平壤。因为在战争年月，带着两个孩子是一个负担，于若木无法随陈云同行，就和两个孩子暂时留在了平壤。在平壤的五个月里，丈夫不在身边，所有的苦难都要于若木自

于若木与孩子们在一起

己面对。除了人生地不熟
和语言问题，生活条件也
是极为艰苦。寒冬腊月，
住的房屋里却没有火，大
人和孩子常常冻得鼻涕眼
泪往下流。

　　陈云只身一人从平
壤到了南满。在南满局势
比较稳定之后，于若木才
来到了临江。她记得，陈
云住的是一间日本木结构
的小屋，地板非常粗糙，
布满裂缝。在临江住了一
个来月，陈云到通化工作，于若木也随他去通化。在通化他
们第二个女儿出生了，于若木为女儿取名南南。

于若木

于若木

1947年，陈云、于若木和大女儿陈伟力在吉林通化

1947年，陈云、于若木和大女儿陈伟力在吉林通化

位于长白山区的通化特别寒冷。于若木记得，那里八月十五就飘雪花，严冬气温低至零下40摄氏度。那时，陈云和她住在通化的一所小学校的宿舍里。虽说有壁炉，可以烧柴禾，但是并不暖和。陈云的卧室在正中间，只要一开门，有人进出，寒风就"呼呼"地吹进他的房间。出生于南方的陈云极不习惯这样严寒的环境，加上体质又差，三天两头感冒，常常是这场感冒还没有好，下一场感冒又接踵而至，感冒反复折磨着陈云，他越来越消瘦，但他仍坚持日夜工作。有时病倒了，就半躺在床上披着被子坚持工作。在取得击退国民党军队重点进攻的重大胜利之后，陈云于1948年1月回到哈尔滨，担负东北局的领导工作，同时兼任东北军区副政委。于若木也随陈云回到哈尔滨。

于若木记得，一路上，他们乘坐的是一辆从国民党部队缴获的敞篷吉普车，而当时正值寒冬腊月，为了御寒，他们在吉普车上搭了个架子，架子上再搭上棉被。他们从集安过鸭绿江，是在夜里过的桥，到了朝鲜，再从朝鲜坐火车到达哈尔滨。他们坐的火车是"闷罐车"——货车，车厢里什么都没有，只临时放了几个凳子。

1949年4月，他们第三个女儿出生了，于若木为女儿取名陈伟兰。一年多之后，他们的第二个儿子出生，陈云为儿子取名陈方。1949年5月，陈云奉命调往北平。从此，他们结束了动荡不定的战争生活，住进北京中南海之侧的北长街。

于若木

建国之初

　　新中国成立后，学习俄文已经成为建设新国家、发展中苏友谊的客观需要。因此，各单位都急需俄语人才。于若木因在延安时期学习过俄语，被调往铁道部编译室担任俄文翻译员。1950年5月，于若木调中央财经委员会专家联络室从事翻译工作，并担任与苏联专家的联络工作。她热爱自己的专业——俄语，认为："这是一种词量丰富，结构紧密，音律优美的语言，而学习俄语在今天又有其特别的意义，翻译工作成为中苏两大民族交流思想的桥梁，是中国向苏联学习的工具。"新中国成立后，苏联对中国进行了大规模的经济援助，使得国民经济的建设得以顺利进行。

　　为了提高俄语水平，更好地适应工作需要，更好地为国家经济建设服务，1952年12月，于若木向组织申请到北京俄语专修学校（1955年9月改称北京俄语学院）进修。她说："从

北京俄语学院

陈云与于若木在北京的住所——北长街71号（后改为58号）

建国初期，陈云和于若木在一起

进俄专起，就想下决心埋头学几年，以便达到基本上掌握这一语言的目的。"1953年上半年，于若木随陈云去杭州休息半年。回京之后，继续在俄语专修学校认真地学习有关课程。从1953年夏到1957年夏，于若木作为旁听生共学了四年俄语，两年在普通班学习，两年在进修班学习。

20世纪50年代，中国掀起建设热潮。北京修十三陵水库时，身为国家工作人员的于若木，并没有因为陈云的位高权重而特殊。每次到十三陵水库义务劳动的日子，于若木都不等天亮就起床，与同事们一起，蹬着自行车骑四个小时的路程准时来到工地，并且一干就是一个多月。

1958年6月，陈云在北京十三陵水库工地参加劳动

1957年，于若木被分配在国家科学规划委员会资料室工作，负责编辑机关刊物《科技动态》。1958年10月，国家科学规划委员会与国家技术委员会合并为国家科学技术委员会后，负责编辑机关报《创造与发明》，促进了科技成果

于若木负责编辑的机关报《创造与发明》

于
若
木

建国初期的于若木

和经验的迅速推广和普及。1960年10月，《创造与发明》报停刊后，成立了政策研究室，于若木调该委政策研究室工作，负责了解掌握科技单位的工作动态，并编辑刊物《科学试验研究动态》。不久，抽调到该委长远规划办公室工作，派往中国科学院物理研究所蹲点进行调查研究。在国家科学技术委员会工作期间，她接触到科技发展领域的最新信息，逐渐对科学技术和学术研究产生了兴趣，为以后从事营养、食品方面的研究工作奠定了基础。

1959年，陈云身体不好，于若木陪同陈云到苏州、杭州休息。回到北京之后，陈云对她说："你陪我休息期间不能拿国家的工资。"于若木上班后，发现机关还是把她的工资全额照发了。她按照陈云的要求，把1959年到1960年陪同陈云休息期间的工资总计1510.5元，存单400元、现金297.5元，共计2 208元，全部退回。

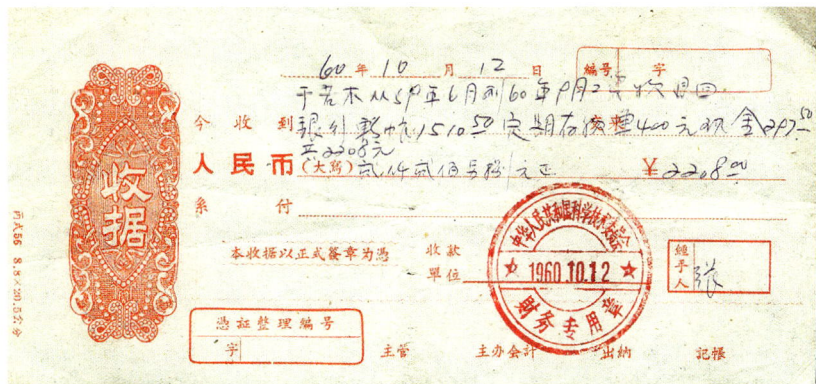

1960年10月12日，中国科学技术委员会给于若木开出的退款收据

20世纪50年代初，陈云、于若木与孩子们在北京北长街住地

太湖留影

特殊秘书

1961年底，因工作需要，于若木调中共中央办公厅担任陈云秘书，在工作和生活上给予当时身体状况欠佳的陈云无微不至的关心和照顾。当时，陈云是半休息半工作，一天大部分时间是娱乐（听评弹）、散步等。于若木经常向他反映基层群众的生活情况和科学家对度过困难时期，解决干部群众营养

20世纪60年代的于若木

不良问题的建议，《内部参考》中这方面的情况不少，有几篇文章于若木还介绍给陈云看看。陈云也在思考，如何让经济尽快地走出困局？他也想到了分田到户。但是这个办法受到了毛泽东的严厉批评，但陈云不沮丧、不生气，只是对于若木说了一句"不以成败论英雄"，以此表明他的心境。

60年代初，中国遇到了粮食危机。无论是城市还是农村都严重地缺粮。许多人因营养不良而得了浮肿病。如何来降低浮肿病的发病率？众说纷纭，有心的于若木便去请教营养学家。专家说，病因是缺少蛋白质，其实每天吃二两黄豆就能解决问题。于若木在科委的《科研动态》上看到一篇介绍大豆营养价值的文章，她立即把这篇文章介绍给陈云看，

于若木

引起了陈云的注意，他即向有关机关建议给干部每人每天供应二两豆子以防浮肿病。此后，全国各地都仿效，从东北调进一批大豆，形成了所谓"糖豆干部"的特殊现象。一个建议，让困难时期的很多干部的健康状况得到了保障，这是陈云在我国三年困难时期的一个重要决策。这里面，也有于若木的一份功劳。

1964年12月，于若木调中国科学院植物研究所，不久到该所下属的香山植物园工作，任党总支书记。在那里，她一方面认真学习植物学知识，一方面做好全园干部职工的思想政治工作。无论谁家有了困难，于若木都主动提供帮助。当时，植物园的地理位置很偏僻，她看到大家上下班不方便，路上很辛苦，就为大家争取班车，这使得植物园成为少数有班车的单位之一。为了职工洗澡方便，她还为大家争取建起了太阳能澡堂。于若木一门心思扑在工作上。由于从家里到

1998年10月8日，植物研究所成立70周年，于若木（中）来参加庆祝，与一些同志合影

单位上班较远，为了不影响工作，她每天吃住都在单位，只有星期六才骑着自行车回到城里的家。因为路途实在是远，有时候骑到半路饿得实在骑不动了，就下车买点东西略微充饥，吃完后继续往家里骑。骑车上班，是于若木多年来一直坚持的习惯。哪怕是新中国成立初期，于若木与陈云都在中财委工作，每天上下班走的是同一条路线，她也没有搭过陈云的车。

于若木骑过的红旗牌自行车

"文化大革命"开始后，于若木也成为了造反派批斗的对象。1969年9月，植物园里研究的花花草草，被认为是"封资修"的一套，有关人士决定撤销植物园这个单位。于若木和植物园里的人员一同被下放到湖南衡山草市镇的"五七干校"劳动。在"干校"，于若木与大家一起吃食堂，每天坚持和大家一起种菜施肥，还和年轻人抢着掏大粪，从来不怕脏不怕累。

于若木

　　一天，国家科委的一个同志突然得了重病需要开刀，但是卫生院没有与病人相匹配的血浆。于若木想到自己是O型血，可以去献血，全然不顾自己50多岁的年龄。最终，由于病人情况复杂，需要转院，也就没有让她献血。"五七干校"的生活环境和物质条件恶劣，许多人得了传染病，尤其肝炎盛行，于若木建议食堂吃饭每人专用一只碗，不交叉使用，用完之后再用沸水煮，这样就减少了肝炎的相互传染。

于若木在衡东"五七"干校的住处（二层左边第一间）

　　"文化大革命"中，于若木顶住压力，竭力维护陈云的声誉，与"四人帮"展开针锋相对的斗争。1970年初，"五七干校"也像其他单位一样开展了"一打三反"运动（一打三反运动，是"文化大革命"时期的一个政治运动。1970年1月31日，中共中央发出《关于打击反革命破坏活动的指示》。2月5日发出《关于反对铺张浪费的通知》和《关于反对贪污盗窃、投机倒把的指示》。三份文件合而为一，便成了"一打三反"运动),掀起了大字报高潮。针对"反对铺张浪费",于若木写了两张揭露江青的大字报,一下子轰动了干校。两张大字报的标题是《铺张浪费、挥霍无度的盖子必须揭开——江青是党内最大的剥削者、寄生者》和《必须揭开铺张浪费的盖子——江青是马克思主义者还是修正主义分子》。听说此事后,江青大发雷霆。大字报一经贴出,于若木便被专了政,失去了人身自由。不久,北京来人,将于若木隔离审查,以"现行反革命分子"的罪名进行批斗,甚至还宣布开除于若木的党籍,撤销党内外一切职务……

三姨是位特别直率的人。三姨跟我说过,她之所以去贴江青的大字报,是她看了江青在上海住的房子,她觉得江青住的房子太腐化了。本来房子挺好的,后来江青全给改造了,江青把所有的墙上都弄上绿丝绒,窗帘也换了,连马桶都包上绿丝绒。三姨去了以后就感叹半天,说这太奢侈了。后来回想起来,就贴了这张大字报。

——孟运2013年12月11日回忆

于若木

于若木与陈云在一起

于若木陪同陈云调查研究，在路上看材料

1975年5月恢复工作后，于若木担任中国科学院巡视室巡视员。1977年1月，担任中国科学院政治部审干办公室主任，她认真开展拨乱反正工作，落实党的干部政策和知识分子政策。1979年9月，调任中共中央办公厅秘书局办公室主任，认真为中央办公厅和秘书局领导服务，积极协调全局各处室的工作，充分发挥了参谋助手作用。

于若木

营养起步

　　粉碎"四人帮"之后，经过两年徘徊时期，中国共产党召开了十一届三中全会，迈进了改革开放和现代化建设的新时期，各项事业百废待兴。

　　1981年1月，于若木调任中共中央书记处研究室科技组顾问，开始了新的工作。一次，她到广西参加一个食品方面的会议，主办方安排与会人员参观当地的一家工厂。厂里的同志介绍说，他们这儿分配来两个大学生，但是都是病号，半天工作半天休息，不能正常工作。说者无心，听者有意。回京后，于若木和几位同事骑车到北大学生食堂搞调查。在调查中她发现，上午最后一堂课的铃声一响，学生们都是跑着去食堂，有的学生只吃鱼肉，有的只吃米饭加白菜，谁也没有意识到营养要全面和平衡的问题。在伙食营养座谈会上，同学们向于若木反映，他们的早餐经常凑合，到第三节课肚子就饿得咕咕叫，课也听不下去了，了解学生心理的老师就会提前下课；而对于不体谅学生的老师，学生们就故意把搪瓷饭盆掉在地上提醒老师。

　　于若木又走访了其他大学，发现大学生的身体状况普遍不好。因为营养素摄入量不够，大学里患肝炎的病人多，因病休学的也多。于若木深知，国民身体素质不好，就可能影响一个国家的前途命运。于是，她的心中便燃起了为提高国民身体素质作贡献的愿望。

　　结束了学校的调查后，于若木又来到当时北京最大的国有食品厂——北京第一食品厂、义利食品厂、北京食品研

于若木

于若木在学习营养知识

于若木在座谈会上发言

究所、北京营养源研究所以及食品工业研究所、农科院等单位调研，掌握了我国营养研究和食品工业发展的第一手资料。

营养事业，是一项对民族振兴极为重要，但是，在我国却是极其落后的事业。"党的十一届三中全会之前，由于我们国家处于封闭状态，当国际上营养学大发展、大普及，渗透到每个领域和每个家庭的时候，我们的营养工作却是冷冷清清，步履艰难，极'左'思潮把营养工作当做资产阶级的东西予以批判"。可以说，在"文化大革命"中，食品卫生制度遭到了严重的破坏。

于若木

于若木决心投入这项亟待振兴的重要事业。当然，她也深深地认识到，投入营养事业将会遇到很多困难。因为营养事业是科学性极强的社会事业，于若木需要熟悉营养学、医学、食品科学、农学和社会学等多学科知识。于若木虽然有深厚的文化和科学理论功底，但是要走进"营养圈"还须从头学起。再则，营养事业在中国尚未受到应有的重视，社会认同率低。同时，改革开放后，国外不断传来新的营养学动向，这也为开展营养工作带来了新的挑战。但是，于若木认为，工作就是同困难做斗争，她深信自己一定能够克服困难，在中国食品营养事业中创出一片天地来。

于若木迈开了走进营养科学领域的步伐。于若木回忆说："回忆80年代初，当我问津营养学的问题时，首先访问了中国医学科学院卫生所的营养室，就教于营养学界的老前辈周启源、金大勋、沈治平等老教授以及陈春明、陈孝曙、葛可佑等较年轻一代的营养学家，从他们那里学到了一些最基本的初步的营养知识。他们都是我的启蒙老师，他们还告诉我，国际上有关营养学的、饮食文化的新动向，使我豁然开朗，感到在营养学、饮食文化的领域里有那么多的工作要开拓，意识到四个现代化之中不能没有饮食的现代化。如果不重视营养学，不培养一支专业的营养师队伍，不普及营养知识，食品工业滞后，是会影响四个现代化进程的。"有了这样的认识，于若木更加广泛收集国内外有关营养问题的资料，深入工厂、农村、学校基层进行考察调研。

经过近四个月的调查，于若木把资料进行了整理，写出

于若木在书房读报

了《营养——关系人民体质的大事》一文，刊登在中央书记处研究室的内部刊物《调查与研究》上。论文阐述了营养学的发展及其重要意义，明确提出人民的营养状况如何，是关系到人民的体质强弱、关系到民族繁衍昌盛的大事，人民的营养状况也是衡量一个国家经济与科学文化发达程度的标志，从而把国民营养与民族昌盛、经济与科学文化发展紧密地联系起来，作为建设小康社会、进而实现富裕的一个重要内容与指标。同时论文还分析了蛋白质在营养要素中的重要地位，中国提高蛋白质营养供给的途径等；提出了建设营养科技队伍，开展营养普查，发展营养事业等对策。后来，红旗杂志社的主编看到这篇文章，决定在当年出版的第17期《红旗》杂志上刊出。

于若木

营养——关系人民体质的大事

于 若 木

人民的营养状况如何，是关系到人民的体质强弱，关系到民族繁衍昌盛的大事；人民的营养状况也是衡量一个国家经济和科学文化发达程度的标志。发展体育运动是增强人民体质的重要手段，而改善营养则是增强人民体质的物质基础。

营养学是一门很有用的学问

中华民族悠久的古代文化中，积累了丰富的营养方面的知识。春秋战国时期的著名医书《黄帝内经·素问》中就提出了"五谷为养，五果为助，五畜为益，五菜为充"的膳食配合原则。一千三百年前医学家孙思邈等在膳食疗法的专著中，论述了正常人的合理膳食与病人的饮食疗法，记载了对糖尿病、冠心病、夜盲症、脚气病、坏血病等食物疗法的经验。现已证明，这些疗法很多是符合现代营养学的道理的。从先秦、两汉及唐宋元以来，皇帝内府都设有"食医官"，掌握饮食及食疗等事务。

人们从自己的切身经验中认识到，食物构成合理，营养状况良好时，身体就健康，生病少；反之，身体就衰弱，容易感染疾病。例如，我国一百年前的一次航海中，许多海员得了脚气病，"先患腿肿，不数日上攻于心，即相继而毙。"事后人们找出致病的

原因是单吃精白米的关系。以后改食麦面，并增食蔬菜和肉类，发病率显著下降。当时人们虽然朦胧地知道脚气病是饮食不当引起的，但却不知道是由于食物中缺少维生素B₁（即硫胺素）的缘故。又如我国民间广泛流传着胡萝卜能预防疾病的谚语："到了冬腊九，大夫抄了手，吃了胡萝卜，百病化乌有"。胡萝卜有"土人参"之称。但长时间里人们不知道它含有丰富的胡萝卜素和维生素B及C。胡萝卜素在人体内可转化为维生素A，有促进生长，维持视力，增强机体抗御疾病能力的作用。

营养学既是一门古老的学科，又是一门新兴的学科。近代营养学是在生理学和生物化学的基础上逐渐形成的。它是一门综合性的学科，既研究人体的新陈代谢，又研究食物的营养成分和食品卫生；既研究现有食物资源的合理利用，又研究开发新的食物资源；既研究从初生儿到老年人不同年龄人的营养，又研究各类病人的营养；既研究各种职业人群（重体力劳动、轻体力劳动、脑力劳动等）的营养，又研究各种地理环境（严寒地区、酷热地区、高海拔地区）人群的营养。总之，营养学研究不同人的不同营养需要，以使从儿童发育健壮、聪明，使成年人精力充沛，使老年人健康长寿。

于若木在中共中央委员会主办的《红旗》杂志1983年第17期上发表了《营养——关系人民体质的大事》重要文章。论述发展营养学的重要意义及深远影响，并提出了重要举措

论文在《红旗》杂志发表后，在社会上引起了强烈反响，有力推动了食品工业在中国的发展。杂志社收到不少群众来信，有的说选题好，深入浅出，论述流畅，有生活气息，有科学知识；还有人说言之有物，言之有理，内容翔实，道理充足，受益匪浅。希望《红旗》多登这类文章。

营养学界看了这篇文章后十分兴奋，说鼓舞了士气，增强了信心。新中国营养学的奠基人之一、我国著名的营养学家沈治平教授说："《红旗》杂志上发表了于老的论文后，在我国营养界引起很大反响，营养界的专家们奔走相告，并且专门为此在北京召开了由全国营养学家参加的座谈会，商谈中国营养事业的发展规划和前景。因为那个时候营养事业正处在低潮，长期以来被称为'修正主义的活命哲学'。别说普通老百姓没有认识到营养的重要性，就连一些知识分子也认为营养没什么好谈的。大家认为这篇文章太重要了，它标志着我国营养事业即将复苏。因为《红旗》杂志代表的是中央的声音呀。真没想到，在短短的时间里，于老就把中国的营养问题看得那么深、那么透，其中的观点对于今天我国营养事业的发展仍有现实意义。"

一些省、市的负责同志说，文章为发展食品工业提供了理论根据，明确了方向，坚定了信心。当时北京市政府正在讨论是否要投资几亿元大力发展食品工业，这篇文章发表后，政府下定了决心发展食品工业，外地也有不少地方政府决定把政策向食品工业方面倾斜。

这篇文章被评为1979～1983年《红旗》杂志优秀理论文章。从此，用于若木的话说，"悄悄地走进了我所陌生的领域——营养学"。

于若木

　　20世纪80年代后，母亲开始涉足营养学。她看了很多资料，了解了世界上一些国家的营养发展情况。母亲后来告诉我，她最早在《红旗》杂志上发表的一篇文章，就是讲中国的营养事业。这篇文章影响了很多人，许多人看到这篇文章就从事了食品工业或者食品加工，我后来见到了一些人，他们说，我们都是看了你母亲的那篇文章，开始从事这个行业的。他们都做得很大，包括食品半加工的，食品器材的等等。这个时候，我觉得母亲好像找到了一个对于她发展很合适的，能够展示她的能力和才华的一个领域。

——陈伟力2013年12月20日回忆

营养宣传

改革开放后，人民的生活水平不断提高，绝大多数人衣温食饱，营养不良的状况也有了很大改善，尤其是急性营养不良所引起的重大疾病正在逐步减少。但是，营养不平衡的问题却日益突出。据中国预防医学中心主持的1982年全国营养调查的情况表明，在饮食中，热量供给虽然达到了标准，但是蛋白质的人均摄入量只有67克，处于供给标准的低水平。钙、核黄素、维生素A的摄入量则明显低于供给标准。这就是说，绝大多数人虽然有能力实现温饱，但是饮食结构不合理，营养供给不平衡。有些人袋里有钱，由于不会科学调理饮食，仍然出现营养不良。有的农村父母宁肯卖掉营养价值很高的鸡蛋，去买营养价值差得多的"滋补品"麦乳精喂孩子，结果使孩子越吃越瘦。这些现象的出现，都说明了中国人民缺乏营养知识。

丁若木认为，中国营养事业落后，一个最突出的标志就是民众营养意识淡薄。她把营养知识的缺乏称之为"营养盲"，并认为我国的"营养盲"是相当普遍的。同时，社会营养指导工作的薄弱，又加剧了这种现象。为此，她指出，要推进我国的营养事业，最重要最紧迫的任务就是向民众普及营养科学知识。这是投入最少、收效最快的营养发展举措。

于若木大力呼吁要重视对营养知识的宣传，她说："营养知识的宣传是一个长期的任务。我们每个人，不管你意识到还是未意识到，健康状况都与营养水平有关。""营养学上的

于若木

宣传营养知识
功在当代惠及子孙
丁丑孟夏 于若木

1997年5月，于若木题词："宣传营养知识　功在当代惠及子孙"

于若木呼吁大力加强学生营养与健康教育，强调我们应从娃娃抓起培养良好的饮食习惯与生活方式。图为她在座谈会上发言

一切成就，我们都可以拿来为人民的健康服务，这些营养学知识是历史上许多科学家为全人类留下的宝贵财富。用这些知识向群众宣传，使群众掌握预防疾病的知识，不但使这一代人受益，也是造福子孙万代的长远大计。"

1986年12月25日，《健康报》发表了新华社记者施宝华采访于若木的长篇文章《营养指导：一项待拟的国策》。施宝华回忆说：这是于老进入营养领域以来，发表的最为重要的一篇讲话。在这篇讲话中，于若木第一次把营养指导上升到国策的高度，她说："营养事业是面对十亿人民，以知识和技术指导为主的服务事业。它是与计划生育类似的技术指导型事业，并不像环境保护、教育、医疗等需要大

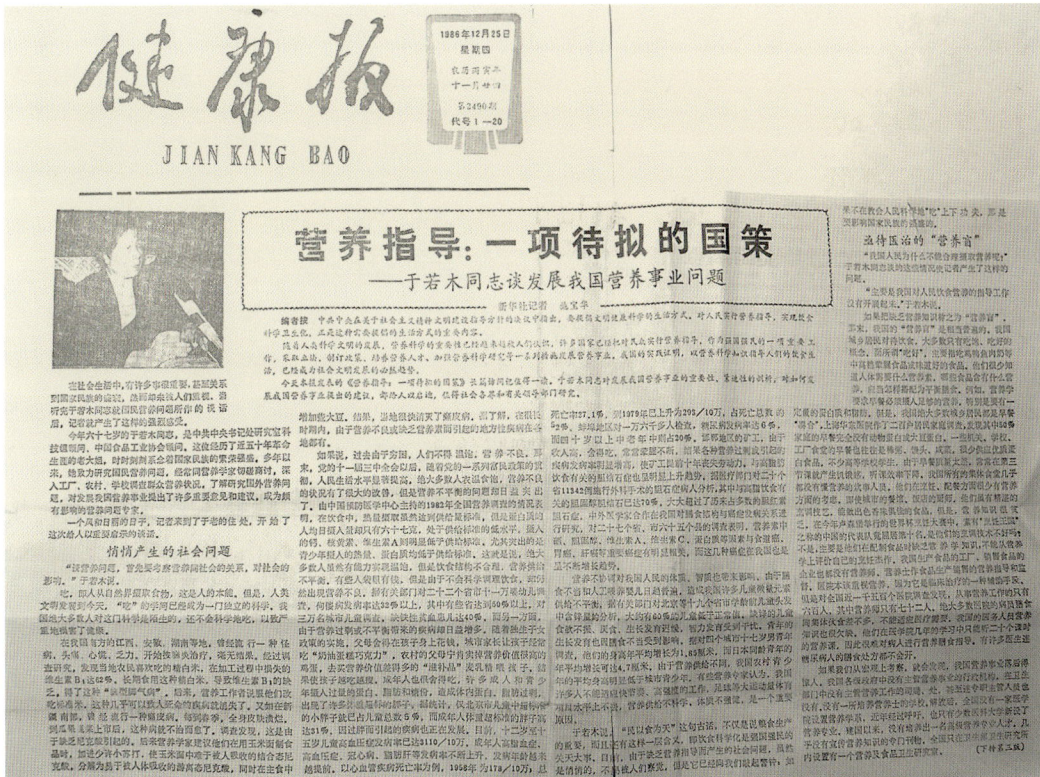

1986年12月25日，《健康报》发表了采访于若木的长篇文章《营养指导：一项待拟的国策》

于若木

量物质建设投资的事业。因此，国家目前是有条件兴办这项事业的，把营养指导列为国家的一项国策或政策是必要的、适时的、可能的。"她还提出了目前需要政府刻不容缓地做起来的五件事：第一，根据我国人民营养状况和需求，调整农业生产结构；第二，要十分重视解决青少年，特别是中小学生的营养问题；第三，要迅速培训营养人才；第四，要大力扶持营养科学研究事业；第五，要通过各种舆论工具普及营养知识。

　　文章在《健康报》刊登出后，在读者中引起了强烈反响。一位读者在看到这篇文章后，给于若木写了一封信，信中说："读了您的文章，《营养指导：一项待拟的国策》真是太好了，一读便吸引了我，我一气把文章读完了，心中真高兴。我想，在这腾飞的时代，营养事业不能不说关系到国家'四

营养教育乃素质教育之重要组成部分对儿童的健康成长具有深远意义

于若木
一九九八盂夏

于若木十分重视营养知识宣传与营养教育，为消除"营养盲"和愚昧落后现象做了大量工作，这一题词从一个侧面反映出她的营养理念与不懈努力

化'大业成败的问题。可喜的是，现在已经认识到了它的重要性。"

1987年11月3日，于若木在第二届国际妇幼营养专题讨论会上的讲话中指出："开展营养教育，普及营养科学知识是营养工作的重要组成部分，它的重要性不亚于营养学研究工作。"此后，她又多次提出：要把营养指导列为国策，使营养知识"普及到每个家庭、每个人，使人人学习营养知识，用以自我保健"，"营养知识的普及要年年抓，月月抓，持之以恒"。

于若木不仅重视对营养知识的宣传，还提出了关于营养宣传教育的具体途径：一是利用我国已有的妇幼保健组织网络，把国内外最新的有关妇女儿童的营养知识传达到群众中去；二是利用报刊、小册子扩大宣传；三是利用广播、电视、电影、录像等方式进行比较生动活泼的宣传；四是营养咨询对话；五是与营养研究所及有关学会、医学院校保持密切联系；六是培养营养专职干部。通过这六条途径，广大群众获得营养知识，并用于自我保健，最终"营养盲"数量显著减少。

同时，于若木还建议教育部门，在中小学的教材中增添营养知识的内容，使孩子从小懂得什么叫营养，怎样讲营养，养成平衡膳食的习惯。她多次呼吁，食品包装上应有营养成分标签，使消费者可以根据自己身体状况选择食品；多次鼓励营养学家要重视开展营养知识的普及工作。她组织了各方面的营养专家教授编著了一套《中国营养丛书》，还先后亲自为《0-7岁儿童健康指导》《青少年科学饮水40问》等书作序。

于若木

于若木读营养食谱

于若木主编的营养学丛书

　　于老十分关心营养教育，主张向群众普及营养知识。她曾在北京师范大学出版社出版四套普及营养知识的丛书。第一套书是科普性的，由国家一级营养师编写，专门给普通中小学生和家长看，获得了国家二等奖；第二套书是按不同年龄阶段所需营养编写的，分为小学生、中学生、中老年等；还有一套按照食物营养，由各大医院的营养师参与编写，包括蔬菜、肉、大豆等七种食物营养，主要为患者提供合理的饮食。以上三套书都是由于老任主编。第四套书是在她去世那年编写的，当时她在医院里面，就同意由我做主编。于老做营养知识教育除了出书之外，还提倡用别的手段进行宣传。比如她鼓励我搞青少年保健教育，要我经常给学校、家长讲一些青少年生理、心理保健知识。

　　　　　　——著名营养教育家高影君2014年3月8日回忆

　　1990年5月20日，在北京人民大会堂隆重举行"首届中国学生营养日"大会。于若木在会上作报告，倡议每年5月20日设立"全国学生营养日"。时任中顾委常委王平、人大副委员长习仲勋、阿沛·阿旺晋美、雷洁琼、费孝通、全国政协副主席谷牧和第六届全国政协副主席吕正操等领导人出席了会议。此后，每年的5月20日，中国学生营养促进会都与卫生部、教育部有关司局联合发文，针对群众饮食中存在的误区和问题，提出一个宣传主题和要求，组织营养学家同学生、家长、教师见面，组织讲座、展览和咨询活动，集中宣传"用营养科学指导膳食"。同时，于若木还参加全国晚报营养科学征文、学生营养日等活动，并发表讲话，向社会宣传营养知识。

于若木与王平、习仲勋等人在首届营养日成立大会主席台上

于若木与习仲勋（右二）一起出席"首届中国学生营养日"大会

中国学生营养促进会名誉会长于若木和全国人大副委员长程思远（右一）、全国政协副主席钱正英（右二）等人参加中国学生营养日宣传活动

她特别关心和扶持《中国学校卫生》杂志社的建设与发展。1985年12月14日，她在中南海寓所热情地接见《中国学校卫生》杂志编辑部代表邓书读等同志，对杂志社建设提出了明确的要求。1986年3月27日，她专程来安徽蚌埠推动成立《中国学校卫生》杂志社。

《中国学生营养报》

为了使学生的营养宣传经常化，于若木还支持一些对学生营养事业热心的同志在蚌埠创办了《中国学生营养小报》（以下简称《小报》），提出"科学性、实用性、趣味性、可读性"的编辑方针，并出任名誉社长。在她的经常指导下，《小报》办得健康通俗，生动活泼，深受学生欢迎。1999年《小报》发行从安徽迁来北京，于若木提出应当把营养宣传从面向中小学生扩大到全国所有学生，使它成为全国学生不见面的"营养教师"。2000年，《小报》改名为《中国学生营养报》，实行了改版。为了扩大影响，提高质量，于若木亲任总编辑。她说，办好营养报就是为发展营养事业办实事。

于
若
木

1999年10月7日，于若木出席在上海市召开的庆祝《中国学校卫生杂志》创刊20周年暨学术研讨会

于若木在研讨会上讲话

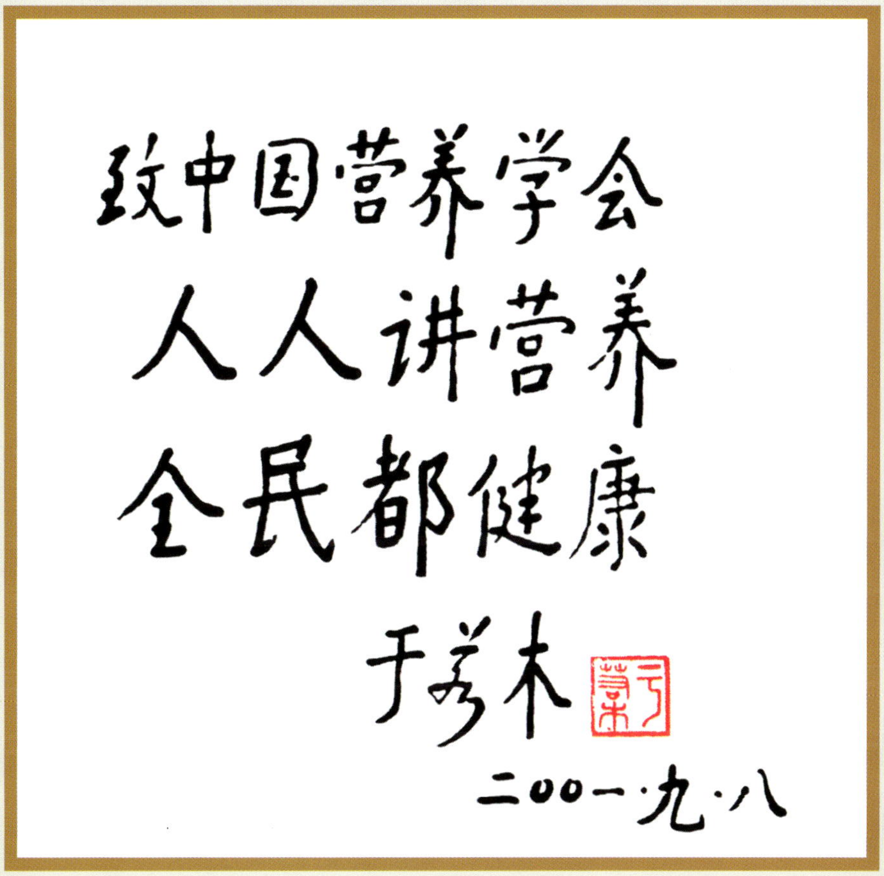

致中国营养学会
人人讲营养
全民都健康

于若木

二OO一·九·八

2001年9月8日，于若木为中国营养学会题词

2002年5月20日，全国政协副主席孙孚凌向于若木颁发《中国学生营养报》奠基奖，以表彰她在营养宣传教育方面取得的成就

于若木受奖后讲话

婴幼儿营养

　　儿童是我们的未来，民族的希望。联合国《儿童权利宣言》说："人类应当将她拥有的最好的东西给予儿童。"于若木十分重视婴幼儿的营养问题，她多次指出：在这个问题上我们要有远见。

　　孩子从出生到12个月被称为婴儿期，是一生中生长发育最快的时期。这一时期提倡母乳喂养，因为健康的乳汁含有婴儿期需要的最合适比例的营养成分，是最具营养的天然食物。母乳蛋白质易于消化吸收和利用；母乳中的铁、锌等元素的生物利用率极高；母乳中含有多种免疫物质，有利于增强婴儿的机体免疫能力；母乳可在肠道内产生促双歧乳酸杆菌生长因子，有利于杀灭致病菌。于若木指出："我们应当通过各种途径向年轻的父母们和未来的父母们宣传母乳喂养的优越性。妇幼保健院、卫生院、父母学校要向孕妇宣传；

关心下一代 使他们成长为
健康的全面发展的一代新人
是当代人不容推卸的责任
寄语
《五·二0学生营养日》　于若木
1994.2.20

1994年2月20日，于若木为"学生营养日"题词

1995年，于若木与营养学家一起参加在北京召开的国际妇幼营养专题讨论会

2004年11月，于若木参加第15届国际妇幼营养专题研讨会

产科医院在做产前检查时亦应同时向孕妇灌输母乳喂养的知识，并发放这方面的小册子，还要在医院候诊室和公共场所张贴赞美母乳喂养的招贴画，做到家喻户晓。"她还指出：家庭、社会都要为母乳喂养创造条件；保护母乳营养充足。

同时，于若木还指出了母乳喂养也有不足之处，她说，加拿大G·哈维·安德森教授的报告阐明，某些初生婴儿食品及母乳中VK含量极低，可引发颅内出血等症状。为此，在初期只要给VK 0.5～1.0毫克即可解决问题。此外，母乳中VD含量也极低，可每日补充VD400国际单位，也可在气候适宜的季节，母婴多到户外活动，晒太阳，比补充VD效果更好。针对有些母亲不能做到母乳喂养，于若木提出要大力发展配方奶。尤其是在一些经济不发达的地区，要因地制宜、就地取材，采取手工或半机械化为婴儿加工食品。

1～3岁为幼儿期，是完成从以母乳为营养到其他食物为营养的关键期。在中国，婴儿6个月以内的生长曲线与国际水平也基本一致，但6个月以后的生长曲线则明显低于国际

1998年10月21日，于若木出席中国食品科学技术学会儿童食品专业委员会第六届学术年会，并讲话

于若木

2002年8月4日，于若木与全国人大常委会副委员长彭珮云在中国儿童中心合影

于若木参加中国儿童营养与健康研究中心专家委员会成立大会，同与会代表合影

水平。这与断奶后缺乏质量好的断奶系列食品有直接的关系。于若木提出：断奶的食品一定要跟上，要大力发展儿童食品。她提醒道："断奶食品不足、不合要求是我国的薄弱环节，应当大力发展并研究断奶系列食品，如果汁、菜汁、肉泥、肝酱等，以及以谷物为基础的强化食品。"

学生营养（一）

　　青少年是祖国的未来，而培养全面发展的下一代关系到中华民族的命运。学生营养问题不是一个家庭、一个学校、一个企业的问题，而是整个社会的问题。培养跨世纪的人才，是国家的事、全民族的事，全社会都有责任呵护下一代。于若木曾多次说过：营养是素质教育中不可忽视的部分，爱护自己的后代是人类的天性，也是人类文明的表现，人类应当把她拥有的最好的东西给予儿童。因此，对学生全面负责就是对民族未来负责，对儿童教育和健康的投资，是最重要的投资。她大声地疾呼：全社会都来关心学生的健康。

　　中国双职工多，脖子上挂钥匙的孩子多，中小学生的吃饭都存在不同程度的问题，许多孩子是：早饭马虎，中饭凑

于若木在显微镜下观察营养元素

合，晚饭不及时。这对中小学生的身体发育十分不利。该如何解决学生的吃饭问题呢？于若木陷入了苦苦思索。一次，她遇到中国营养学会会长沈治平教授。沈教授刚刚从联合国教科文组织在印度召开的国际营养午餐现场会回来。他向于若木介绍，印度的一个邦通过发展校园经济解决了学生营养不良的问题，还将日本开展学生营养午餐的资料交给了于若木。

于若木在研究大量的资料后认为，实行学生营养餐已是世界潮流，这是解决学生营养不合理的有效途径，中国也应在学生中推行营养餐制度。但是，中国要接受学生营养餐这个新事物谈何容易。于若木尽管一再呼吁，但应者寥寥，虽有少数人热情响应，可是，推行起来困难重重：学生嫌麻烦，家长怕花钱，企业困难多，部门难配合。"要想办法先在一个地方试点，做出样板，取得经验，才好推广。"她产生了抓"样

1990年，于若木在浙江平湖百花小学指导营养餐工作

于
若
木

101

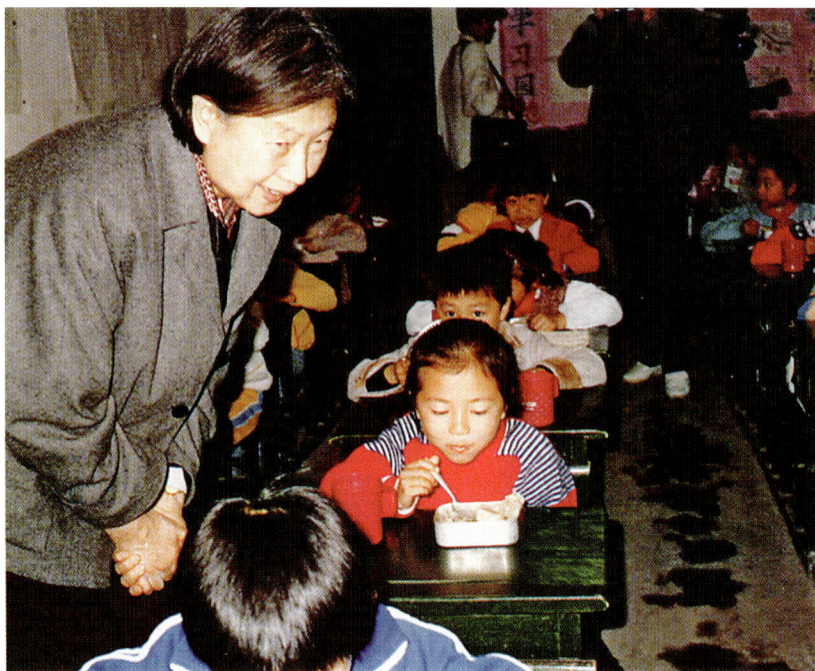

于若木时刻关心儿童青少年的营养与健康，不辞辛劳地深入基层，推广学生营养餐的开展工作

板"的想法。当时，于若木陪同陈云常住在杭州，她就把杭州作为推广学生营养餐的试点。万事开头难。刚开始，于若木几乎天天要同搞营养餐的人联系，帮助解决困难。很快，参加试点学校的学生营养和身体状况都有了改进。对于学生营养午餐，学生吃得满意，学校和家长看了高兴，杭州学生营养午餐试点尽管是初步的，但它的意义是重大的。

其实，早在1986年10月，在安徽蚌埠就召开了首届全国学生营养与课间加餐研讨会，于若木出席了研讨会，并做总结讲话。她说："我们有责任把工作做得更好，使得青少年生活得更幸福，使他们德、智、体、美、劳全面发展，并达到更加完美的程度。"她还提出，在课间加餐上，各地区可以因地制宜、相互借鉴，食品要多样化等等。这次会议对课

1986年10月，于若木、浦安修在蚌埠参加全国首届学生营养与课间加餐研讨会

于若木

1987年5月12～13日，于若木在杭州市主持召开全国学生营养实验现场观摩会

1990年，于若木在北京市考察学生营养餐工作

间餐的普及起了很大的推动作用。1987年5月，于若木参加了在杭州召开的全国学生营养现场观摩会并讲话。随后，于若木亲自前往长桥小学观察了学生吃课间餐的情况。她先后到多地调研学生的课间餐情况，在她的奔走呼吁下，全国许多城市，如北京市、上海市、蚌埠市、杭州市、丹东市等把学生营养午餐搞得比较好。她还建立了"若木营养研究中心"，专门从事学生营养研究工作。

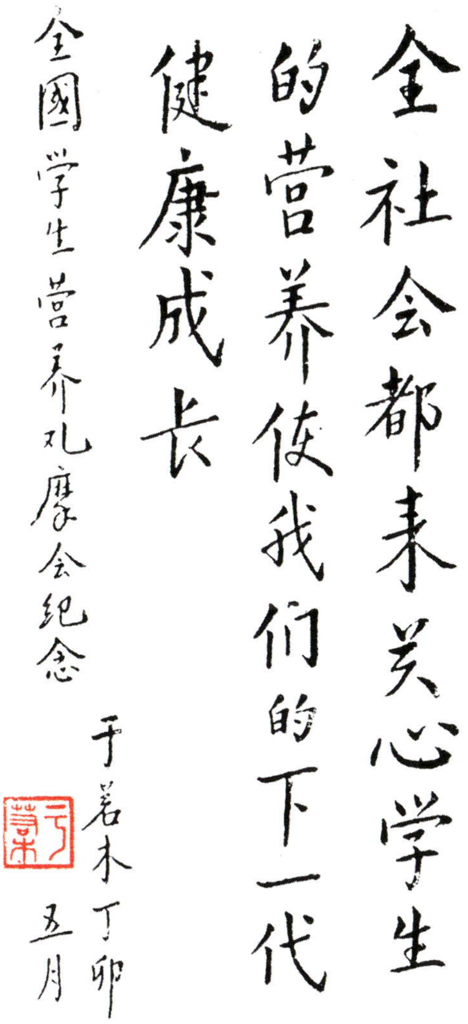

全社会都来关心学生的营养使我们的下一代健康成长

全国学生营养观摩会纪念

于若木 丁卯 五月

1987年5月，于若木为全国学生营养观摩会题词

于若木在杭州接见施承斌（右一）、高影君（右二）、邓书读（左一）

　　为了集中全国的力量来关心、推进学生的营养工作，于若木发起建立中国学生营养促进会。1988年11月，她在杭州西子宾馆三次接见中国学生营养促进会筹备组施承斌、高影君、邓书读三位同志，听取筹备工作的汇报，对组织理事会、召开成立大会等问题作了指示。1989年1月15日下午，中国学生营养促进会在中南海怀仁堂隆重举行成立大会。会议

　　1989年1月15日，中国学生营养促进会在中南海怀仁堂隆重举行成立大会，于若木担任首届会长。原全国妇联副主席康克清（前排右一）、卫生部原部长陈敏章（前排右二）参加成立大会

由卫生部副部长曹泽义主持，中国学生营养促进会会长于若木在会上作了重要报告。卫生部部长陈敏章、国家教委副主任邹时炎、全国政协常委、北京师范大学校务委员会副主任浦安修、中国营养学会名誉理事长沈治平等人出席了会议。于若木在成立大会上的报告中指出："中国学生营养促进会的成立是改革开放的产物，具有时代的特点，反映了群众的情绪与愿望"，"我国在校学习的学生有2.2亿，他们的学习情况和健康状况如何，关系到我们四个现代化建设的进程，关系到我们祖国的未来"，希望中国学生营养促进会成立之后"切切实实地为学生办一些实事，解决一些问题，配合教育改革使学生体质有所提高"。

1989年1月17日，于若木给各省、市领导写信，恳切地希望大家在百忙之中，对学生营养问题给予关注，支持促进会的工作。之后，不少省、市主管教育的领导同志召开了会议，

1989年，于若木出席中国学生营养促进会海南省分会成立大会

于若木在学生中间

于若木参加学生营养工作研讨会

研究如何开展学生营养工作。大部分省、市成立了学生营养促进会筹备小组，拟订了近期工作计划。1989年10月16日，重庆市首先成立了中国学生营养促进会重庆分会。1989年11月18日，中国学生营养促进会海南省分会成立，于若木出席了成立大会，并发表讲话。她说："营养是一种提高人口素质的投资，儿童体格的发育与一个国家的经济建设和社会发展有着长远的关系，这种投资虽然是缓慢的，但却带有基础的性质，因此，最终将是效益非常高的投资"。

中国学生营养促进会成立后，举办了一系列重大活动：一是1990年4月12日～18日，城市工作委员会在重庆举办了"全国首届城市学生营养工作研讨会"，全国20多个城市140多人到会；二是参加中国学生营养日的宣传活动；三是在1990年举办了一次"全国学生营养知识大奖赛"；四是农村工作委员会在1990年7月11～13日召开首次会议，对农村学

2002年5月15日，于若木与浙江省政府徐鸿道等领导出席中央电视台在杭州市举办的学生营养与健康知识竞赛

于若木

生营养工作提出四点意见，即搞好调查研究摸清情况、开展宣传教育、改善膳食结构，以及寄生虫的感染、贫血的防治；五是邀请部分专家于1991年1月10～12日在上海举行了"护苗系统工程"专家座谈会；六是举办"护苗系统工程"业务培训班。

于老在晚年创办了"中国学生营养促进会"，她是会长。这个会就是要帮助山区一些学生解决营养不良、吃不上饭、吃不饱饭的问题。她自己深入山区比较贫困的地方，亲自去抓每一项工作，去解决每一个问题。她到社会上募集一些资金、找到一些企业家、自愿做公益事业的人士，到山区去给学校捐豆奶机，让每个孩子能够在中午喝到一杯豆奶，来解决学生营养不良、地方病的问题。于老这么多年从来没有停止过这方面的工作。

——于若木身边工作人员王峰 2013 年 12 月 12 日回忆

此后，中国学生营养促进会在改善学生营养方面发挥了积极的作用，为提高中华民族的身体素质作出了贡献。

1997年5月20日，于若木出席在重庆市召开的全国学生营养工作经验交流会暨中国学生营养促进会第二次代表大会

在有关方面的支持下，成立了上海若木营养研究中心。2002年4月28日，于若木视察了该中心，并与该中心领导和专家合影

于若木

学生营养（二）

20世纪90年代以来，中国学生的营养水平虽然有了很大的提高，但是仍然存在一些问题，有的问题还比较严重，如：有相当多的学生营养不良，营养素摄入不足；在各级学校的学生中，中学生的营养状况最差，其中中专学生比普通中学生还要差；某些地区的农村学校没有食堂，学生只能从家里带干粮、咸菜到学校吃；儿童食品发展缓慢；寄生虫病、近视眼呈上升趋势等。

在于若木、何界生正副会长主持下，在认真分析我国学生营养状况及各地开展工作情况的基础上，他们提出要综合考虑防治一些与学生营养有关的疾病。在有关专家广泛论证的基础上，下发了《矫治学生营养性贫血方案》与《控制学生蛔虫感染方案》两个文件，并在一些地区进行了试点。1990年9月，在杭州召开的协作会议上，于若木提议将此项

关心学生的健康就是关心祖国的未来

1998年初，于若木的题词

工作定名为"护苗系统工程"，并于1991年6月9日正式开始实施。"护苗系统工程"的提出促进了政府主管部门对学生营养工作的重视。卫生部、国家教委、全国爱卫会下发的有关防治方案，把《护苗系统工程》的主要内容纳入了国家

于若木出席"护苗系统工程"座谈会

1991年1月，于若木在上海市主持学生营养"护苗系统工程"专家座谈会

于若木

2000年的防病工作规划中。

1999年1月31日，于若木专门就护苗工程给中华慈善总会阎明复会长写信，提出：拟在贵会（领导下）设立"于若木护苗工程"与"于若木护苗工程基金"，在信后附上了"于若木护苗工程"方案暨1999~2010年学生营养工作大纲。方案从营养及健康教育、学生营养调查及营养监测、实施等几个方面做了规划。为更好地解决儿童贫血问题，2000年10月，一些专家、学者发起并召开了"护苗工程科研会"，于若木出席会议并讲话，在讲话中提出科研工作者要加快儿童食品的开发。

中国营养促进文集

为"于若木护苗工程"给阎明复会长的信

一九九九年一月三十一日

中华慈善总会阎明复会长：

您好！

我国少年儿童营养水平远远落后于发达国家。由于膳食结构不合理而引起的缺铁性贫血、佝偻病、缺锌、缺维生素 B_1 和维生素 B_2 以及"小胖墩儿"和"豆芽菜"体型并存等，均为我国少年儿童生长发育期长期存在的问题，农村贫困地区较为突出，直接影响着下一代的健康成长。我致力于食品与营养工作几十年，深深为此感到不安。

为了促进少年儿童学生健康成长，提高民族素质，根据我国目前学生营养、健康状况，吸取国外成熟的工作经验，我愿在有生之年，尽微薄之力，拟在贵会（领导下）设立"于若木护苗工程"与"于若木护苗工程基金"，以便更快更好地开展工作，请予支持。

顺致

敬礼！

于若木
1999 年 1 月 31 日

（本文撰写于 1999 年 1 月 31 日）

1999年1月31日，于若木给中华慈善总会阎明复会长的信从1992年全国中小学生营养调查看，城乡中小学生的热量已够，但农村学生蛋白质不足。于是，于若木又呼吁说：蛋白质的英文为protein，来源于希腊文，是"第一"的意思，就是说，蛋白质在较其它营养素（例如蛋白质以外的脂肪、碳水化合物、矿物质等）中，重要性居第一位。而大豆蛋白是优质蛋白，8种必需氨基酸都具备，能很好地满足人体的生理需要。中国又是大豆之乡，有着几千年栽培、加工、食用的经验。因此，于若木提出了"大豆行动计划"，以解决学生蛋白质不足的问题。对于"大豆行动计划"，朱镕基总理非常关心，他召集有关部门对该"计划"进行专题研究，决定安排专项补贴资金在东北三省开展"学生豆奶计划"试点工作。1997年6月30日，于若木在国家"大豆行动计划"

《中国学生营养小报》有关"大豆行动计划"的报道

于若木

于若木为国家"大豆行动计划"示范企业题词

试点工作第二次会议上指出:"'大豆行动计划'自从1996年8月5日第一次试点工作会议之后,先后在11个省市、自治区,12个县市,24所中小学校开始实施……试点学校普遍反映喝豆奶后学生冬季患感冒的少了,第二节课后饥饿感消失,学生精神比以前好,上课注意力增强,疲乏感有所缓解等,豆奶深受广大师生和家长们的欢迎,一致认为大豆行动计划的实施是一项利国利民的大事。"

此后,于若木更加积极地参与和推动国家大豆行动计划的建议与实施,多次到基层调查。在地方政府和有关企业的支持下,从1999年12月起率先在陕西省贫困地区进行了西部地区"护苗工程大豆行动计划"的试点工作。于若木参加了启动仪式并讲话,她说,西部地区的"大豆行动计划"是1996年启动的"大豆计划"的继续和发展,实践证明,该项计划方向的正确性,"大豆行动计划"可称得上是一件民心工程。饮用"豆家奶"的小学生比对照身高增加2.2厘米,

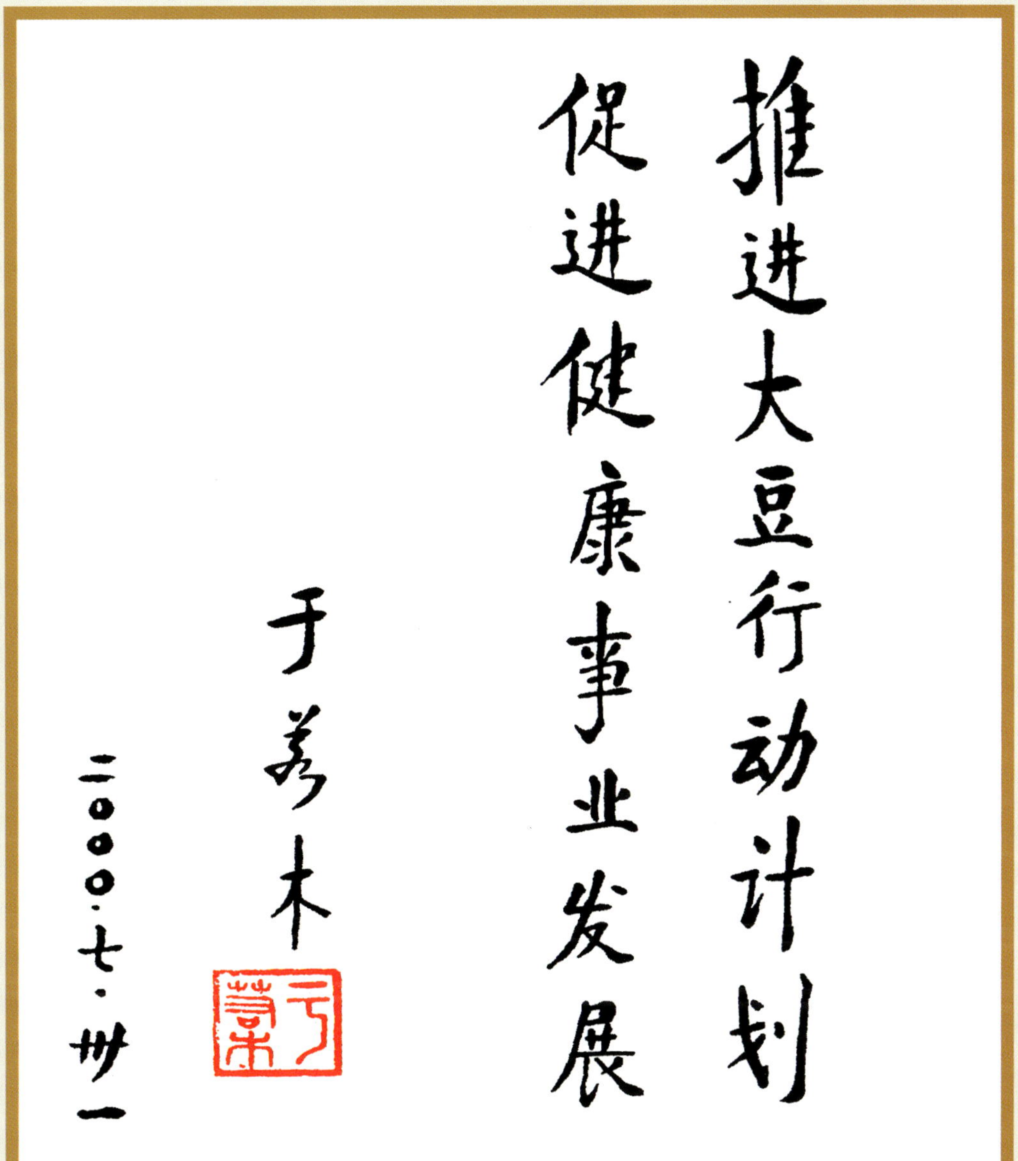

推进大豆行动计划

促进健康事业发展

于若木

二〇〇〇·七·卅一

2000年7月31日于若木的题词

1998年6月，于若木在"大豆行动计划"工作会议上讲话

平均体重增加1.2公斤，平均血色素增加7.4克/升，从而为农村地区和贫困地区开展中小学生豆奶计划提供了科学依据。于若木还多次去东北等地视察，并特别关注四川等地贫困县中小学生饮用豆奶情况。

尽管于若木一再强调学生饮用豆奶一定要注意安全问题，可是，2003年3月还是发生了辽宁海城8所小学数千名学生饮用豆奶后集体中毒事件。于若木得到消息后，吃不好、睡不好，既担心学生的安危，又担心自己辛苦倡导的大豆行动计划就此搁浅。她赶紧飞去辽宁省，找到省领导，谈了对此事的看法，并提出了加强豆奶安全的具体建议。

学生营养餐在20世纪80年代中期实施以来，对于促进学生营养的改善起到了积极的作用，但是在实施的过程中还存在一些问题。有的人对中国发展学生营养餐产生了怀疑。对此，于若木从发展学生营养午餐的必要性、可行性

1999年11月9日，于若木在上海市静安区第一中心小学出席豆奶机赠送仪式并讲话

上海市人大常务会、市教育局等有关单位领导和专家出席豆奶机赠送仪式

于若木

1999年12月10日，于若木深入到陕西省三原县张家坳官道村的希望小学，参加中国西部"护苗工程"大豆行动计划启动仪式

2000年，于若木同辽宁省人大教科文卫委员会副主任郝庆堂及吉林省豆奶企业有关负责人商谈豆奶推广等问题

等方面进行了论证。她认为，中国应该发展学生营养餐，而且还需要制定法规来保障学生营养餐的实施。1993年国务院颁布实施《九十年代中国食物结构改革与发展纲要》，明确指出要按照"营养、卫生、科学、合理"的原则，发展营养餐，并提出"有条件的地方要逐步建立中小学生营养餐制度"。

1991年，于若木力主成立杭州学生营养午餐中心，提出学生营养午餐要统一配餐、集约发展、规模供应。在她的关怀和指导下，杭州市的学生营养午餐和课间餐的生产规模、供应数量和花色品种有了较大的发展，已经成为全国学生营养餐集中配送的典范。因此，为了更好地推进学生营养餐制度，1993年5月27日，于若木参加了学生营养午餐杭州现场会，并号召大家学习杭州经验，大力普及学生营养午餐。她又详细地分析中小学生营养午餐的现状，并提出建议。她深入基层，亲自指导学生营养餐的食谱制定与学校食堂工作；她深入学校，亲自查看学生的就餐情况，了解学生的满意程度。在于若木的指导下，学生营养餐稳步推广。

一杯牛奶可以强壮一个民族。于若木充分肯定了牛奶在提高膳食质量、改善食物结构中的作用，强调"牛奶给你健康、智慧和力量"。她参加了全国乳协第一次会员代表大会暨首届年会，在讲话中，她说："如果牛奶进入学校，或作为课间餐，或作为午餐的部分，推行起来需要量是可观的。"她建议国家制定"学生饮用奶计划"，她坚信开展学生奶计划是提高国民素质的重大举措。针对安徽阜阳出现的劣质奶粉事件，她明确指出：要吸取教训，加强对学生奶进入学校的监督，用品质优良的牛奶喂养孩子。

于若木

1991年12月31日，于若木视察浙江省平湖市学生营养工作

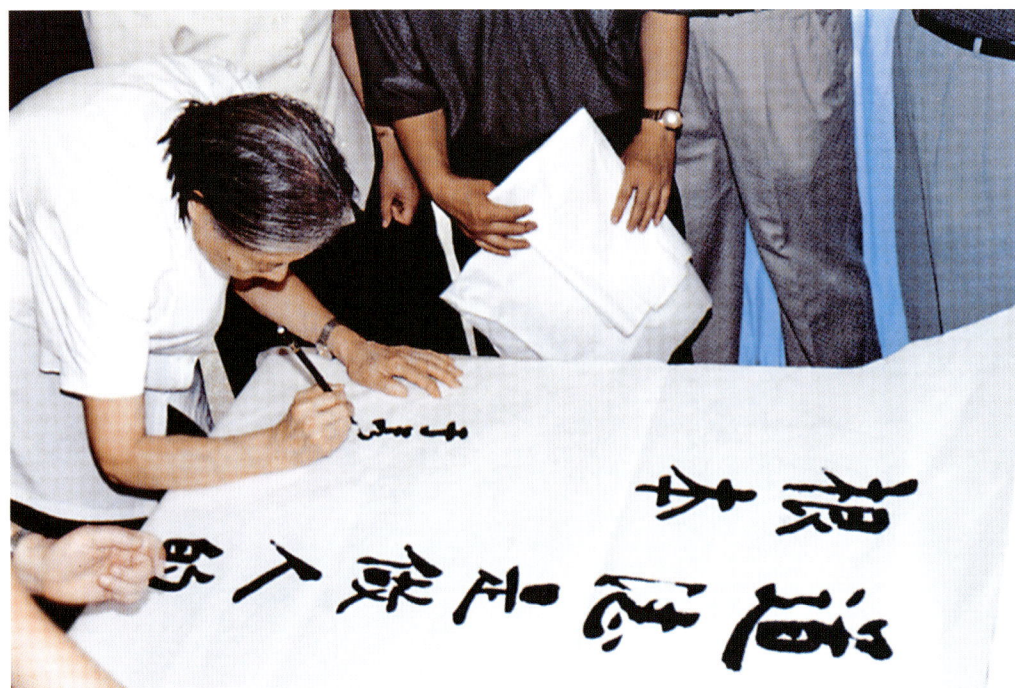

1990年于若木在题词

于若木同志晚年特别关注青少年的营养问题。我经常听她说的一句话就是："一杯牛奶强壮一个民族"。她提倡，中小学生每天起码应该喝一杯牛奶，并建议这个问题由政府和家长共同解决。她还经常提倡中小学校里边要搞营养午餐，就是按照营养学来搭配学生的中午饭，使膳食平衡。上世纪80年代，陈云同志每年要到杭州休养一段时间，于若木同志就利用这个时间到杭州及附近地方调研中小学生的营养状况和食品加工业的问题，然后向有关部门提出意见和建议，对于改进学生膳食和提高食品加工业的科学化水平，都起了很好的作用。

——陈云生前秘书朱佳木2014年1月17日回忆

于若木80寿辰留影

于若木

2000年4月12日，于若木参加在源里中学举行的赠送豆奶机仪式

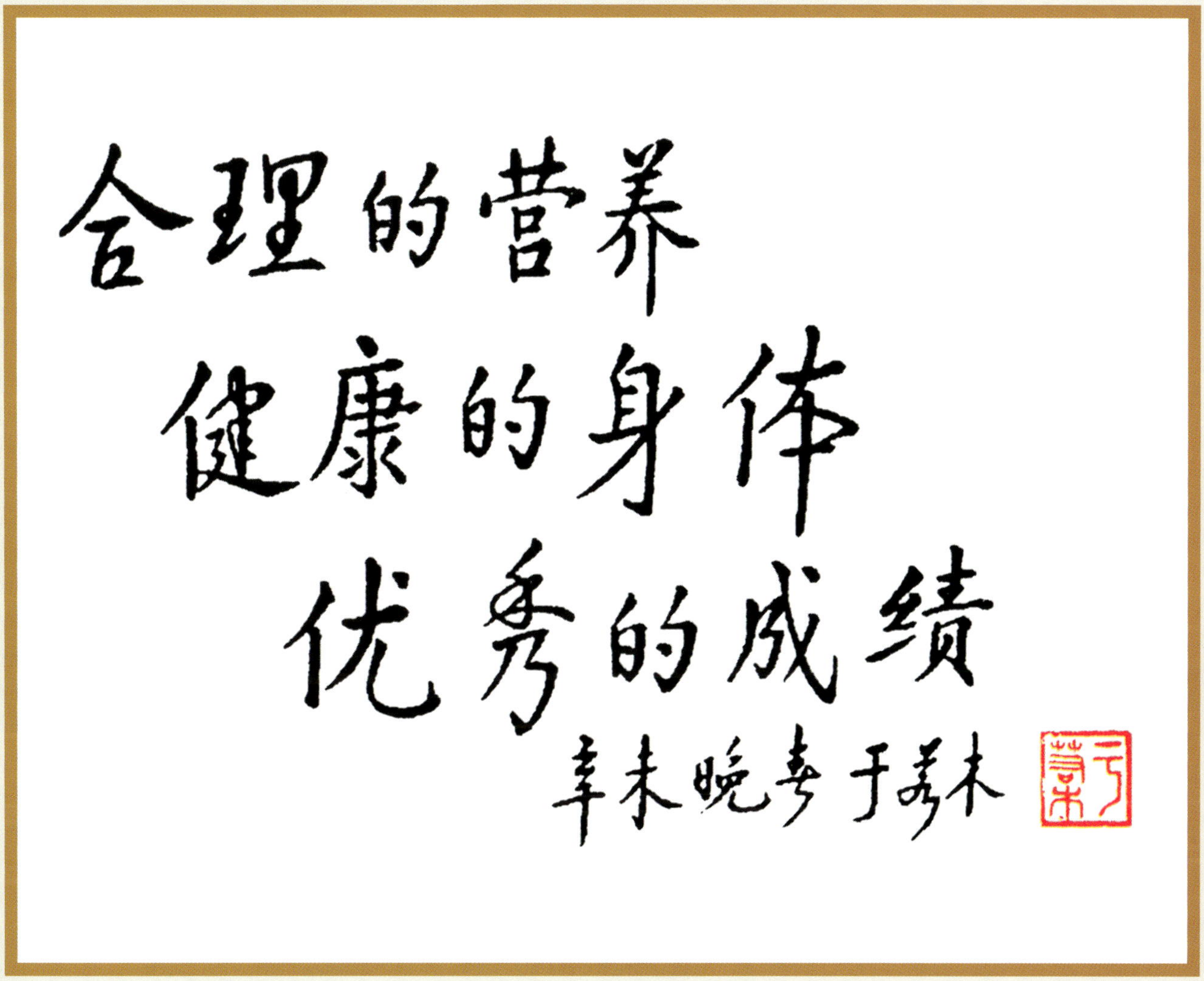

合理的营养
健康的身体
优秀的成绩

辛未晚春 于若木

1991年5月，于若木的题词

学生营养（三）

　　1999年春节，江泽民总书记来给于若木拜年，并针对加强学生营养工作，改善学生健康问题与她进行了亲切交谈。在交谈中，于若木对江泽民同志说：我为什么要提倡学生营养午餐呢？为什么学生营养午餐能在世界上其他国家兴起呢？主要是第二次世界大战中，参战国都发现战士的体力不够，经不起这么残酷的战争环境的折磨，很多战士生病、冻伤、冻死、饿死。战后，这些国家下决心要把他们的第二代从体力上、智力上增强，像布莱尔、克林顿、布什，这一代都是吃营养午餐长大的孩子，他们的体力比他们父辈好多了，个个长得高高大大的。在学校里面，提拱早餐、晚餐不太可能，只有午餐国家能帮上忙、使上劲儿，例如，美国、英国都是由国家出钱搞学生营养，并且成立国家营养委员会，由总统亲自兼任委员会最高领导，于若木还向江泽民谈到了学生奶的问题。江泽民采纳了于若木的建议，开始抓起了学生营养工作。

　　1999年2月11日，江泽民在北京市视察工作时强调指出：今后的国际竞争是综合国力的竞争，综合国力的竞争最终要体现在人的素质上，首先在于我们少年儿童的素质，要在儿童、少年中推广营养餐，北京市要带个头，还要在全国推广，也要多做些宣传工作，要使得全国各个地方都注意做这个事。时任北京市市长的贾庆林立即对学生营养餐作出批示："现在不是要不要搞营养午餐的讨论阶段了，而是要推进、普及。"于若木曾说过："学生营养事业的大发展还要从江泽民总书记1999年春节前视察北京市工作时说起。总书记号召北京市要大力开展学生营养午餐，并且要起表率作用以推动其他城市也开展学生营养午餐工作。此后许多城市纷纷响应总书记的号召，制定计划，采取措施，掀起了开展学生营养午餐、学生奶、学生豆奶工作的高潮。"北京市1999年上半年开始形成了学生营养午餐热，这种气氛向其他大中城市辐射，产生了一定影响。上海市的学生午餐1999年也有很大的发展，日供应量已接近15万份。1999年11月，于若木在上海开会参观了莘莘学子配餐中心。参观后，她指出：配餐中心无论在硬件软件上都是一流的，做到了标准化、规范化，每一环节都是严格要求，午餐的质量、卫生标准都是无可非议。

于若木视察上海莘莘营养配膳公司

当时，尽管有了一些省份开始搞学生营养餐，但是整个社会还是不重视学生营养餐。于老心里非常着急。为了让全社会重视学生营养工作，她多次向中央领导写信反映情况，并一次次利用春节拜年的机会，向他们阐述学生营养工作的重要性与紧迫性。每次与中央领导人沟通过后，于老都会兴奋地把结果告诉我们。她常说，我跟他们说了学生营养的事，他们让我们造造舆论，搞好试点，培养典型，再加以总结，然后报给他们，形成文件再在全国推广。我们营养界都知道，于老口中的"他们"绝不是一般人物，有的甚至是中央高层。

——《中国学校卫生》杂志原常务副总编邓书读

2013年12月10日回忆

2001年1月21日，于若木又给江泽民总书记写了一封信，提出推广学生营养餐的建议，信中说：

江泽民总书记：

首先，向您拜年！

1999年2月11日，您在北京市视察工作时提出：要在儿童、少年中推广营养餐，北京市要带个头还要在全国推广。您的这一指示在全国产生了广泛的影响，使北京、上海、长春等城市的学生营养餐出现新的转机和发展，受到社会各界的普遍欢迎和关注，北京市政府已把它作为所办60件实事之一，预计2001年日供应量可达30万份。上海市由配膳公司提供的营养午餐已达13万份以上。其他大城市也正在运作或筹划。

为了做好这项工作的宏观管理，国家经贸委已会同教育部、卫生部提出了《推广学生营养午餐的指导意见》。考虑到这项利国利民的工程呈现迅速发展的势头，为加强管理和扶持，现提出以下建议：

（一）建议在国家经贸委现有编制内设立办公室，安排1～2人管理日常工作，并成立专家委员会，依靠有关专家协助做好有关工作。

（二）建议推广学生营养餐的城市，在市政府引导和扶持下，成立营养餐生产企业协会，目的在于落实政府有关产业政策和部署，实行行业自我管理，以推动这一行业与产业的健康发展。

以上建议妥否，请审示。

于若木

2001年1月21日

对于新事物的认识总是有一个过程。当时，学生营养午餐只是在北京、上海等几个大城市推广。想要进一步地推广，就需要各个省、市的领导支持这件事。2001年2月12日，国家经贸委、教育部、卫生部下发了《关于推广学生营养餐的指导意见》，明确提出：要把学生营养餐的推广列入重要议事日程和工作计划。那时，于若木前往各个省、市以及学校，去寻求支持，但收效甚微。当时，于若木想：要是能在国务院这个级别的会上，让搞营养、搞食品工业的人讲一讲学生营养问题，事情就好办了。后来，朱镕基总理来看她时，她就提出来："你至少要让搞食品工业或者搞营养学的专家能够参加国务院的办公会。"之后，朱镕基总理给了两个参会名额，但是不允许发言，只能听。此后，整个国家也就逐步重视了学生营养问题。

在学生营养餐大发展之时，2000年9月20日—21日，在长春召开了全国中小学营养工作研讨会。这次会议由教育部体育卫生与艺术教育司召开，全国各省、自治区、直辖市主管学生营养工作的负责人参加。会上，传达了中央及国务院领导同志关于中小学营养餐工作的指示精神。于若木在开幕式上做重要讲话，希望全社会都重视学生营养餐工作。2001年1月21日，她还给李岚清副总理写信，对做好学生营

2002年11月15日，于若木出席在人民大会堂召开的实施国家"学生饮用奶计划"新闻发布会

2003年10月12日，于若木出席昆明市"学生饮用奶计划"工作汇报会并讲话

养餐的科学研究、试验示范与宣传教育提出建议。

2000年由农业部、教育部等九部委局联合推广的中国"学生饮用奶计划"正式启动，11月14日，于若木参加了新闻发布会。11月24日，于若木与专家学者谈国家"学生饮用奶计划"，她从终生喝奶是健康之本、多喝牛奶促进健康、奶是钙最丰富的来源等方面谈牛奶在学生成长中的重要作用。

2003年1月，胡锦涛总书记强调："牛奶本身就是温饱之后小康来临时的健康食品，不仅小孩喝，老人喝，最重要的是中小学生都要喝上牛奶,提升整个中华民族的素质。"2003年"非典"发生后,为了贯彻胡锦涛的指示,于若木就后"非典"时期坚持实施国家"学生饮用奶计划"提出了建议：一是巩固国家学生饮用奶计划来之不易的成果，把实施这项计划作为一项国家重要政策长期坚持下去，并纳入各级政府的议事日程和相关规划之中；二是尽快制定《中国营养改善法》；三是巩固防治"非典"的成绩，大力提倡饮用牛奶。这些建议，促进了"学生饮用奶计划"的健康发展。

2003年8月17日，于若木参加辽宁省"学生饮用奶计划"研讨会同与会代表合影

从20世纪80年代初涉足营养领域后，于若木就开始关心学生的营养问题，提出了一系列的指示，发表了许多重要的讲话，实施了营养午餐、大豆计划、饮用奶计划等一系列工程，有力地促进了学生营养状况的改善，增强了学生的身体素质。2002年9月28日，《于若木论学生营养》出版座谈会在北京人民大会堂举行。时任全国人大常委会副委员长的布赫等领导出席。座谈会上，于若木精神矍铄，她说："学校应把学生全面管起来，既管教育又管健康，把搞好营养午餐当作本职工作来抓。"于若木自始至终都在呼吁全社会来关心这项事业。因为对学生全面负责就是对民族未来负责。

2002年9月28日，《于若木论学生营养》出版座谈会在北京人民大会堂举行

关注食品加工

营养与食品有着很大的关系。饮食合理，人们就会获得身体所需的物质；反之，则会影响人们身体的健康成长。于若木指出："人民的营养状况如何，食物结构是否合理，代表一个国家经济发展水平、科学技术水平和社会进步程度，并影响人口的素质和民族的前途。"

食物的发展需要食品工业做支撑。于若木说："在进行四个现代化的建设中，食品工业不同步进行，就将是一个很大的缺点，它将影响到人民的健康，影响到社会的进步，也影响四个现代化的进程。因为一个现代化的社会不能没有现代化的食品工业。"党的十一届三中全会后，中国人民的营养水平逐年有所提高，基本解决了温饱问题。同时，中国的食品工业有了较快的发展。1986年，年产值已达到1 048

1998年7月13日，于若木深入食品工厂车间考察

于若木对深圳金谷园实业发展公司的"早点工程"食品十分赞赏，并给予指导和支持

亿元，居工业部门第三位，但与人民的需要还相差甚远，还有一些有待改进的地方，应当引起重视。

于若木提出，食品工业应加强行业管理，重点扶植儿童食品、老年食品、方便食品、保健食品。针对大多数的儿童食品都未标明出厂日期和失效日期的现象，于若木说："为了下一代的健康，必须重视儿童食品的质量"，"儿童食品应当放在优先发展的地位，我国实行计划生育政策，要求少生、优生、优育，为了配合优育工作，为儿童提供高质量的合乎现代化标准的食品是食品工业责无旁贷的"。针对中国的儿童和青春发育期的青少年大多都有缺铁性贫血的现象，于若木分析了缺铁性贫血可引发的后果以及中国缺铁性贫血较多的原因。为了减少缺铁性贫血，她提出要大力研制和发展儿童营养食品。在她的呼吁下，儿童补铁饮料研制成功并投入市场，使得儿童补铁制剂多了一个优良的品种。对于营

在食协第二届理事会二次全体会议上讲话   1986.12.3

各位理事、各位代表：

首先祝贺第二届理事会第二次全体会议的胜利召开。会上交流了经验，沟通了信息，汇报了成绩，增强了信心。食品工业所取得的成绩首先是中央领导关于大力发展食品工业正确的决策，而且在发展过程中又不断给予关怀和支持。其次，各省各自治区的工政领导的重视关怀分不开；其三就是全国食品协会及地方各级协会的理事同志们努力下直接取得的成绩。

食品工业发展的形势是大好的，成就是喜人的，展望美景更是振奋人心。国外食品工业的发展早到所谓食品已有二三百年的历史，而它是伴随近代产业革新而产生的，但它的大发展则是近三十年的事，特别是六十年代以后以突飞猛进的速度发展。现代化的食品工业是现代化工业和科学技术的产物。食品工业与机械、电子、化工、生化、生物工程、原子能关系密切。

许多发达国家食品工业十分发达，美国农产品工业加工的占95%，英国、西德占90%，西欧占80%，而我国居民消费的食品经过加工的还不到号（1981年统计数）

随着四个现代化的前进，人民消费水平的提高，人民对健康长寿的要求，对减轻家务劳动的渴望，自然而然地对食品工业寄以很大的希望，希望食品工业能满足他们的迫切要求。因此提出以下几点建议：

（1）方便食品应作为食品工业的主体予以优先发展。许多发达国家的经验可以参考，这是一个发展的方向。美国80%食品工业经营方便食品，居民70%食品消费用于方便食品，时方便食品可供应五千万人。日本方便食品占40%

1986年12月3日，于若木在食协第二届理事会二次全体会议上的讲话

在食品协会第二届理事会二次全体会议上讲话

（1986年12月3日）

各位理事、各位同志：

首先祝贺第二届理事会第二次全体会议的胜利召开、胜利结束，会上交流了经验，沟通了信息，汇报了成绩，增强了信心。食品工业所取得的成绩首先是由于中央领导同志关于大力发展食品工业正确的决策，而且在发展过程中又不断给予关怀和支持；再次，也与多省市自治区的党政领导的重视关怀分不开；第三，就是全国食品协会及地方各级食品协会的负责同志的积极努力下直接取得的成绩。

食品工业发展的形势是大好的，成就是喜人的（总产值由85年的612亿增长到951亿元，品种增加了很多），展望前景更是振奋人心。国外食品工业的发展早期阶段虽说已有二百年的历史，而它是伴随近代产业革命而产生的，但它的大发展则是近二三十年的事，特别是在六十年代以后以突飞猛进的速度发展。现代化的食品工业是现代工业和科学技术的产物。食品工业与所有的科学技术，从常规到尖端都有关系。物理与机械、电子、化工、生化、生物工程、原子能关系密切。

世界各发达国家食品工业十分发达，从农产品经过工业加工的比例看，美国占95%，苏联、西德占90%，西欧占80%，而我国居民消费的食品经过加工的还不到1/3（1981年统计数）。

随着四个现代化的前进，人民消费水平的提高，人民对健康长寿的向往，对减轻家务劳动的渴望，自然而然地对食品工业寄以很大的希望，希望食品工业能满足他们上述的要求。因此提出以下几点建议：

（1）方便食品应当作为食品工业的主体予以优先发展，从世界发达国家可以看出这是一个发展的方向。美国80%食品行业经营方便食品，居民70%食品消费用于方便食品。日本方便食品占总额的40%，已可供应五千人食用。

法国、西德、英国近六年间方便食品分别增长了一倍到二倍，全世界方便食品的品种已超过1.2万种，正在逐渐发展成为主流食品的趋势。方便食品是食前不需处理或简单处理即可食用。除了节省时间外，还可按营养需要添加维生素、氨基酸、矿物质、微量元素等营养素予以强化。由于高效率的劳动生产率及综合利用等措施，降低了成本。据美国农业部的调查，方便食品比起家庭烹制的食品在价格上可使消费者受益21%。

据我的观察，就是从会议资料上看，从报刊上看，从到工厂参观看，从与食品工业界谈话看，我国食品工业发展最多最快的不是方便食品而是饮料，饮料中又以啤酒为最多。我不是说不能发展饮料，特别是营养价值高的，如沙棘、果汁、果酒等保健饮料，人民是欢迎的。但是在资金有限的情况下应当有个轻重缓急之分。我认为我们的食品工业应把注意力首先放在解决人民的一日三餐上，解决人民的吃饭难上。按照马文的说法，消费可分为三个层次，即生存消费、享受消费和发展消费。我们应当首先把生存消费解决好，就是吃饭吃得合乎营养而又方便。在我们还未把吃饭解决得十分妥贴的时候，大上啤酒（啤酒应当算是享受消费一类）等饮料就是轻重颠倒了。

我认为目前解决吃饭难的问题应当多途径多方式来解决，目前如果主要依靠方便食品还不扎实，因为我们食品工业起步晚，底子薄，特别是工业跟不上，是我们努力的方向。改善食堂工作是在近期比较切实可行的。发展饮食业、快餐饭盒也

于若木

是值得提倡的。我们的机关、学校、工厂的食堂大有潜力可挖，也很需要整顿提高。在解决吃饭难上发挥它应有的作用。首钢的食堂饭菜既有营养又经济实惠。吃一顿带两顿。如果说它有特殊优越条件的话，那么没有特殊好条件，但办得好的食堂也有，据我看到的，那就是昆明工学院、原机械工业部的食堂。饮食业搞得好的有蚌埠市，它的食品一条街已经发展到15条，饮食摊上的食品既丰富多彩又经济实惠，而且餐具严格消毒。据说不少人下班后晚饭常常带上一家去小摊上吃。粮食转化工作也搞得好，馒头、面包、包子、挂面、切面应有尽有，十分方便。这就是适合我国经济发展水平，具有我国特色的解决吃饭难的方式。

（2）食品工业的结构要合理，增加粮食加工，肉蛋奶、豆类加工的比例。我们的食品工业应当花点力量搞粮食转化工作，既有粮店食堂手工作坊式加工大路货，馒头、大饼，切面等，也有中高档的主食面包，法式面包，还可考虑工厂化加工主食，生产高级别的馒头等，米饭车间加工米饭。开发以谷物为主的早餐食品，开发传统民间小吃，我们应当定个计划，规定一个奋斗目标，几年之内使粮食转化率达到60-70%或60-80%。肉类禽类食品的加工也很不够。就肉类加工为熟食品来说，国外达到40-50%，而我国仅达4-5%，禽类加工及奶制品数量也少，牛奶作为动物蛋白最好来源，除少数大中城市外，许多城市严重不足，甚至连婴幼儿也不能满足供应。奶制品的品种就更少了。其次，植物蛋白也待增加产量和对资源的开发利用。首先满足数量的要求，使市民能买到豆腐、豆浆其它豆类；其次是提高质量，增加花色品种的问题。

人们的膳食需要平衡，因此食品工业中多门类也要有个大体的合理比例，主食类是人体热量的主要来源，蛋白质是人体结构材料的主要来源，瓜果蔬菜是VC矿物质主要来源，这几类要门类齐全，比例恰当，数量充足，是食品工业宏观上要首先考虑的。

（3）建议成立"中小学生课间餐午餐协会"使儿童少年健康成长，这是关系到下一代的身体素质问题，关系到民族的未来的问题。儿童营养良好和营养不良，不仅在身体发育上有差别，而且智力发育也有差别。据几个医科大学的研究观察，营养良好的儿童学习理解力记忆力都好，出错率低，注意力集中；而营养不良的学生中一个优等生也没有。

学校如能供应营养午餐，可改善学生身体素质，又解除家长后顾之忧，是为民排难解忧的大事，是社会安定团结的需要，只要领导重视，发挥社会多方面积极性是可办好的。挖掘饭店、饭馆的潜力就是一条途径。

（4）建议成立食堂协会，北京有一万多食堂，办的好的是少数，即使有好传统的工厂食堂，近来工人也不满意。有必要建立机构形成垂直领导系统，在人员培训、食品原料供应等方面帮助解决存在问题，提高伙食水平和服务质量，解决职工吃饭难的问题，减轻家务劳动，搞得好，发展下去可以为食堂社会化创造条件，使食品工厂与食堂衔接起来，食堂进来的是成品半成品，简化食堂工作。

（5）减少重复引进设备，使食品工厂的装备逐步做到主要是国内，自力更生。建议食品协会与军工企业科研单位密切合作，利用军工的技术力量的优势组织对引进设备消化研制和推广，这是两全其美的事，一方面为食品工业节省了资金和外汇，另一方面又解决了军工业的任务不足的问题。这事办成功

于若木

有一定难度，问题是要有人抓并得到领导的支持。

（6）食品卫生极端重要。卫生安全是食品工业的前提，不卫生的食品威胁人们的健康，也影响食品工业的信誉。

肉类市场放开以后，由于防疫工作放松，病死猪肉流入市场造成人畜患病率上升，*虫病、旋毛虫病蔓延。虽然这类卖病猪肉情况处理过几起，但并未彻底控制。希望商业部与防疫系统严格把关，维护消费者的利益，把放开搞活经济与保证食品的卫生质量统一起来。

食品工业协会一条任务是服务，就是为基层企业服务，有困难帮助以解决，需要扶持给以扶持。我认为整个食品工业这个行业为人民服务的性质特别突出。因为食品是满足人们的营养需要的，如何通过加工的食品提高人们健康水平，方便人民生活，这是一个极其重要的问题，这里面学问是很深的，没有全心全意为人民服务的热情是做不好。

曾听说有个日本食品工业的代表团访华时说过这样一句话：日本国民在战后，身高增加了10厘米，我们食品工业界引以为自豪的是，我们在这方面作出了自己的一点微薄的贡献。

我们的食品工业已经取得了初步的成绩，奠定了一定的基础，我们还要继续努力，再接再厉，用我们的工作丰富每个家庭的餐桌，使人民的健康水平提高一步，使人们的家务劳动有所减轻，满足人民的需要就是我们努力追求的目标。体质的增强将提高职工的出勤率，减少患病率，不仅产生社会效益，也会产生经济效益。如果能做到这样，这是比任何奖赏都值得欣慰的。如果我们以自己高水平的工作为人民服务，给人民带来方便，也是理顺一种社会关系，使社会向着有序化发展，促进精神文明建设，无疑的，对四个现代化将是一个推动。

在党中央、国务院的领导下，食品工业将进入一个新阶段，我们应当满怀信心地前进！

（于若木的这篇讲话由新华社高级记者施宝华同志提供，系首次公开发表。*代表原稿中辨别不清的文字。）

2000年4月12日，于若木听取国家发展与改革委员会公众营养与发展中心主任于小冬关于建设"中国营养产业基地"的介绍，并观看基地模型

于若木为保健事业题字

于若木

养饮料这一新生事物，于若木提出：要促进饮料事业的发展。她还提出：要大力发展强化食品，但是必须要在营养师的指导下进行。1986年12月3日，于若木在食品协会第二届理事会三次全体会议上的讲话，系统地阐述了她对食品工业的观念，提出了食品工业的发展建议，为食品工业的发展指明了方向。

保健品对人民的健康至关重要。1984年，于若木就提出：要积极促进保健食品的发展，并从抓调查研究、抓薄弱环节、抓成果推广、抓质量管理、争取政府支持等几个方面来促进保健食品的发展。1996年8月22日，于若木在保健品发展战略研讨会上再一次对保健品的发展提出建议。她认为：保健品的发展既要重视锦上添花，更应重视雪中送炭；保健食品的开发应密切重视基础理论研究的动向；保健品的开发应注意与微量元素的科学结合；花粉，包括松花粉、螺旋藻、麦饭石等保健品都应大力开发。

方便食品投放市场后受到广泛的欢迎，但是人民又觉得方便面品种太单调，营养不完全，也缺少蛋白质。于若木十分重视方便食品的发展，她建议要发展早餐食品、

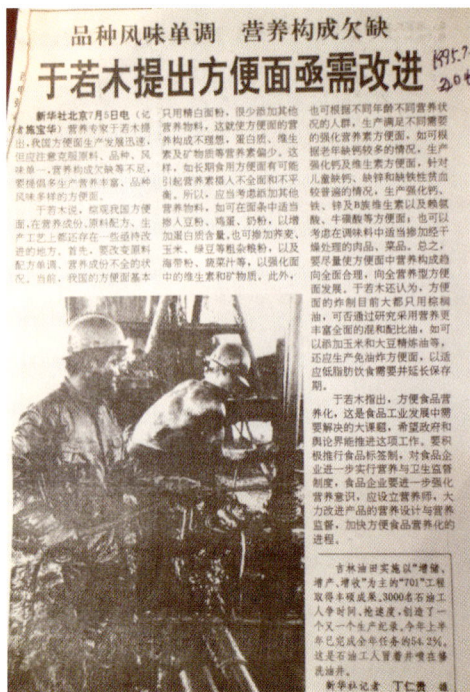

于若木对方便面的发展提出合理建议

蔬菜罐头和蔬菜汁等方便食品。一位老知识分子在文章中谈到方便面时说："有了方便面，像我这样不会烹调不会烧饭的人，就不致饿死了。生产方便面真是件积德的事情。"有的人说，方便面不能常吃，吃多了要得癌，因为里面有防腐剂。为此，于若木专门询问了粮食局的同志，证实里面没有防腐剂。1987年11月，在北京市食品学年会上，于若木说："现在提个要求，1988年至少设计十个品种的方便面，这个指标供作计划时参考。此外以大米、玉米为原料的方便面食，也应大量开发，营养学的一个原则是多样化，主食多样化，起互补作用，提高了营养价值。"针对有些职工吃饭难的问题，于若木说：要多搞些中国式快餐，可以发展速冻食品。

食品工业在发展过程中遇到困难，企业负责人都愿找于若木解决。都丽梦食品有限公司是国内生产学生营养餐的首家大型企业。从建厂开始，于若木就给予多方关怀、指导和帮助。她还视察多家食品工厂、车间，为食品工业的发展出谋划策。

2000年，于若木向北京润生食品有限责任公司捐赠办公资金。公司负责人用这些资金购买了电脑和打印机，用于改善公司的办公条件

于若木

我跟于奶奶是1999年在一次大会上认识的。奶奶经过对我和我的学生餐企业深入的了解后，对我全身心投入做学生餐企业非常认可。她不但亲自给我讲解学生营养餐理念与营养知识，还多次向公司捐款捐物，并主动出任公司的营养顾问。记得2000年4月4日，奶奶亲自来到公司，查看公司学生餐的生产情况。当时，公司还在起步阶段，条件特别艰苦。奶奶来的那天我还特意租了一间办公室。奶奶看到我们的情况后，就主动拿出2万块钱给我，郑重地嘱托我："再苦再累也要坚持，多为孩子们做些事"。当我接过这2万块钱的时候，我就觉得沉甸甸的，心里感觉背负着一项重任，那就是不管条件多么艰苦，我都要把学生餐做好，用奶奶的话时刻鞭策着自己，那就是"要为托起明天的太阳而献身"。奶奶的这些钱用在什么地方哪？当时公司还是原始化的办公状态，没有电脑、打印机等办公设备。我就决定用这些钱买电脑、打印机等。想着有了这些现代办公设备，不管是做菜谱还是做学生餐的营养分析，都方便快捷了很多。

今天，我依然能感觉到奶奶对孩子们那份深深的爱，依然感觉到奶奶的嘱托响在耳畔。

——北京润生食品有限公司董事长丁静

2014年9月25日回忆

2002年11月12日，于若木参加河北省首家学生营养餐企业——胖胖面业有限公司开业典礼

2004年7月7日，于若木同北京古船食品有限公司负责人商谈营养强化面粉制作馒头等主食问题

于若木

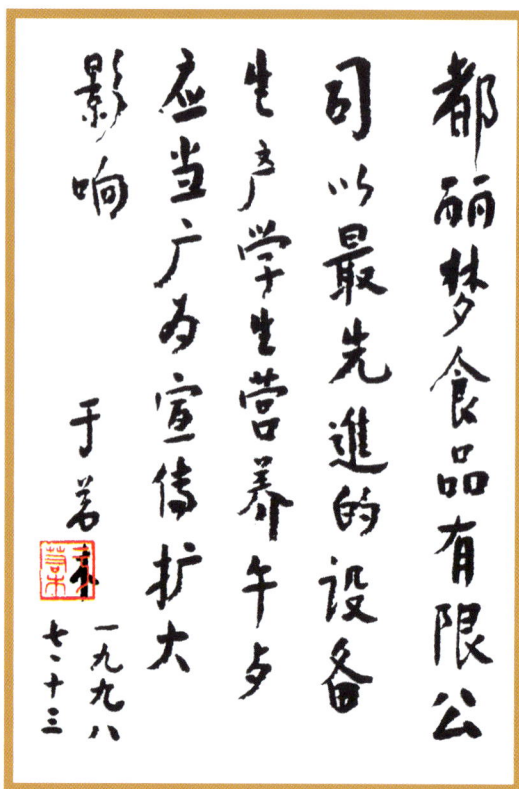

都丽梦食品有限公司以最先进的设备生产学生营养午夕应当广为宣传扩大影响

于若木 一九九八 七·十三

1998年7月13日于若木的题词

1995年，于若木和有关专家视察都丽梦食品厂建筑工地

重视微量元素

微量元素大多参与人体内的生化过程。因此，无论是缺乏还是过剩，都会对人体健康产生不利影响。四大地方病甲状腺肿大、克山病、大骨节病、氟骨病都与微量元素的丰缺有关；严重威胁人类生命的三大病种心脏病、脑血管意外、癌症，这些也与微量元素有关；此外，食道癌、鼻咽癌、肝癌高发区有明显的地理分布特点，与当地的土壤、水中缺少某种微量元素有关。

1988年12月13日，在全国第四届微量元素与健康学术讨论会上，于若木指出：人的机体的衰老与微量元素有关、儿童的生长发育与微量元素有关、遗传基因与微量元素有关，"总之，一个人的一生，从生命形成的开始到生命的终结，每一年龄段的健康状况都与微量元素有关，都需要微量元素的调控，使人体的内环境保持平衡，才能维持人体的健康"。因此,她号召营养学界要重视对微量元素的研究与利用。1991年，在微量元素与食物链研究会上，她说:"膳食结构与健康的关系是至关重要，但是当科学进一步发展的时候，了解到食物中维生素、矿物质、微量元素数量虽小，却主宰着人类的健康。"1994年，在第六届中国微量元素科学研究会上，她进一步提出：不仅要注重对微量元素的多种元素研究，还要加强对微量元素的单项元素研究。她还专门为第七届全国微量元素科学学术研讨会写了开幕词。可见，于若木对微量元素的重视。

硒是人体必需的微量元素，而中国约有70%地区缺硒。

于若木

1997年，于若木从一份资料上得知，黑龙江农垦局有两个农场，很多人得冠心病和癌症，死亡率较高，人们情绪因此变得不稳定，纷纷要求调到其它地方去。于若木知道这一情况后，说：我一定要去弄个明白。

到农场的路很不好走，一会儿是一个泥淖，一会儿是一个大坑，汽车行驶时颠簸得厉害，有时陷入泥淖里难以行进。随行的人员担心地劝她，到农垦局里听一听汇报就行了。但于若木说："没问题，我能坚持，不到现场就不能了解真实情况。"

经过走访、调查，于若木认为这个地区是严重缺硒地区，建议有关方面对农作物施硒肥解决贫硒问题。根据于若木的建议，有关方面在农作物生长期用飞机低空往叶面喷洒亚硒酸钠，使植物的叶片充分吸收，农作物就成了富硒作物。当地的居民吃了富硒粮食以后，这一地区人们冠心病和癌症的发病率明显降低，人们的身体状况逐渐好转，也能在这儿

1993年，于若木在吉林省延边朝鲜自治州考察

安心工作了。"贫硒地区的居民尤其要防止缺硒，这是关系到亿万人民健康的大事，我们应像抓补碘那样抓好贫硒地区居民的补硒工作。"她强调："当务之急要做好两件事：一是各种舆论媒体应当向居民普及宣传有关硒与人体健康的知识，使居民提高对如何防止缺硒的认识。二是着手开发与生产富硒食品。"她还不顾年事已高、道路崎岖不平，前往四川、湖北等地进行了考察，确立了我国硒研究和开发利用在世界上的前沿地位，从而为儿童健康成长和居民营养改善探索出了一条有效途径。

在补硒产品的开发上，她特别推崇陕西紫阳县开发的富硒茶叶。1989年9月26日，于若木到陕西紫阳县考察，听取了地、县领导和紫阳县茶叶产业办公室高级农艺师程良斌等专家的汇报后，欣然题词："开发富硒茶为全国人民健康服务是紫阳县义不容辞的责任。"1990年4月中旬，于若木应邀到

1995年，于若木与农业部副部长刘成果及黑龙江省农垦局负责人讨论富硒大米和面粉开发问题

1989年4月14日，于若木来紫阳参加安康地区首届紫阳富硒饮茶节

开发富硒紫阳茶为
全国人民的健康服务是
紫阳县义不容辞的责任

己巳仲秋 于若木

1989年9月，于若木题词

紫阳参加"安康地区首届紫阳富硒茶饮茶节"，在会上她作了一个简短发言，除介绍了茶叶的一般保健知识外，重点谈了安康地区不仅有温暖湿润的亚热带气候条件，加上土壤富硒，从而形成了得天独厚的良好环境；同时谈到我国22个省市的部分或大部分地区缺硒，严重缺硒地带易患克山病、大骨节病或癌症，因此紫阳县生产的食物就不是一

1990年4月15日，于若木在饮茶节期间为紫阳茶题词

1992年，于若木与参加恩施生物硒资源开发利用鉴定会的全国著名专家合影

于若木

富硒

紫阳 茶文集

于若木

二〇〇一·一·二十五

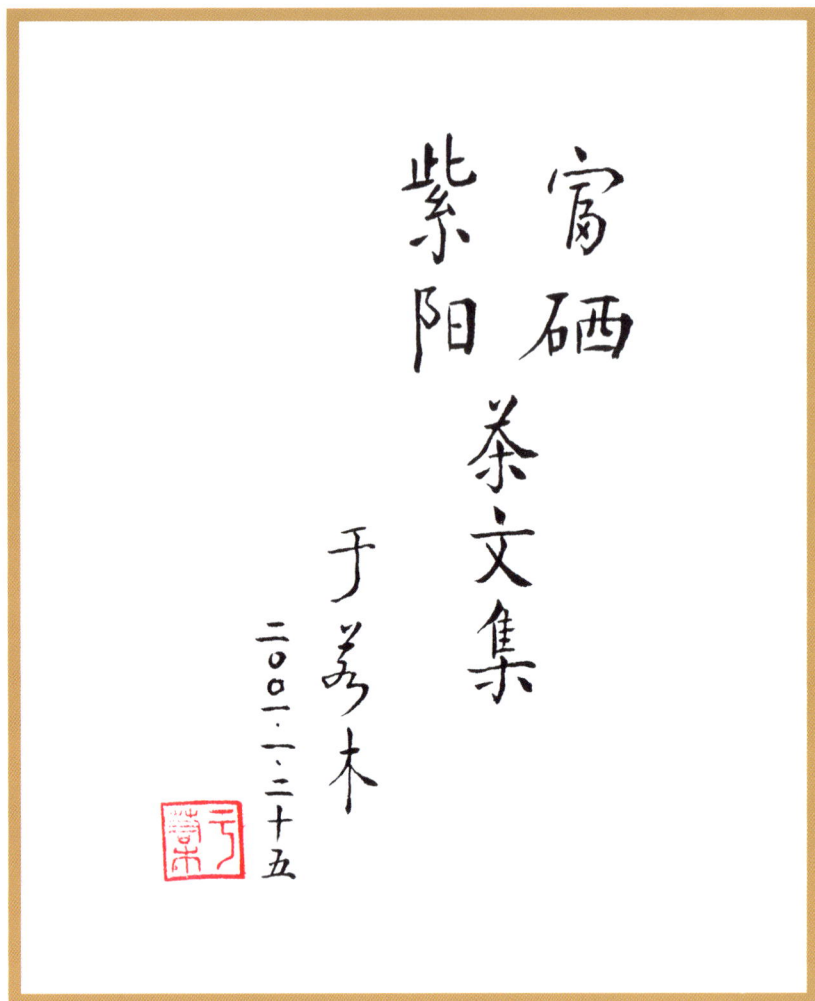

2001年1月25日，于若木为紫阳富硒茶文集题写书名

般的食物了，而是抗癌保健的宝贵资源，这就是这个地区具
有很强吸引力的原因。1990年7月3日，于若木又应邀参加
在北京人民大会堂举行的紫阳富硒茶专家评议会，在发言
中她不仅谈了茶叶的保健作用，还谈到富硒茶的保健功能更
胜一筹，应对紫阳富硒茶重新作出评价，应赋予其新的价值。
此后，于若木每年都会给紫阳县汇款，购买茶叶，分送给中
央一些老领导、老朋友。

1990年7月3日，在北京人民大会堂举行紫阳富硒茶专家评议会

　　1989年，于老听说我在恩施搞硒产品的开发后，鼓励我一定要坚持下去。当时，我在六县两市开发了62个产品，这些产品需要进行鉴定，我向于老汇报了该情况。她非常感兴趣，表示要来参加鉴定会。于是，我和市政府说了于老要来，市政府的同志表态：全力接待。恩施是苗族、土家族最大的自治州，非常偏僻，都是高山，抗战时日本人都进不去。因此，于老来恩施很是艰苦，需要先坐火车，再坐只能容纳24个人的小飞机。由于飞机太小，呜呜响得很刺耳，我就非常担心。但于老到了那儿特别兴奋，又是签字，又是写东西。可以说，除了胡耀邦，支持此事的第二大领导就是于老。

　　　　　　　　——中国保健协会食物营养与安全专业委员会

　　　　　　　　会长孙树侠2014年3月17日回忆

于若木

于若木还格外地关注微量元素对老年人的身体健康的
作用。1991年，于若木在老年痴呆症患者治愈座谈会上说：
抗衰老制剂是"以微量元素学说为理论指导，吸取中药的传
统配制方法，用植物性营养物质配制而成的"，"目前研制的
抗衰老制剂是微量元素学说在应用方面的一个尝试"。1993
年，于若木又指出："健康长寿，除了膳食的三大营养素，即
蛋白质、脂肪和碳水化合物等需要平衡之外，微量元素的
摄入也要平衡才能保持健康并求得长寿。"

2000年3月，中国第一家每期刊登中、外文论文，国内
外公开发行的，高水平的微量元素一级刊物——《国际中
华微量元素杂志》正式出版发行，于若木担任名誉总编辑。
她还被选为中国微量元素与健康学会理事长、中国微量元
素科学研究会会长。

2003年9月13日，于若木出席并主持大连坤洋"海带营养浓缩液"成果专家鉴定会

重视食堂

集体食堂与人民生活息息相关。早在1985年7月，于若木就指出："不论是在一个单位，还是在第三产业中，食堂问题都占有重要的位置。特别是在大中城市里，食堂与人们的关系更为密切。据北京市调查，全市共有大小食堂9 000多个，粗略估计每天有200余万人要在食堂吃饭，约占城区人口的三分之一……食堂办得好坏，关系到群众的切身利益，关系到群众的健康、情绪和工作效率的高低。"

改革开放后，于若木观察了好几年，认为：食堂办得好的是少数，办得差的也是少数，多数处于中游水平，安于现状。她详细地分析了食堂存在的问题，指出：食堂工作中存在的主要问题是，饭菜质量差，配餐没有营养学的考虑，就餐人

于若木深入食堂指导工作

员无法获得平衡膳食；各地食堂的炊事、管理人员很少经过科学培训，缺乏饮食卫生、膳食营养知识；食堂的食品原料供应也应改善；食堂领导管理薄弱。如何来解决这些问题？于若木提出：要更新对食堂的认识，改革食堂的经营方式，把食堂与食品工业联系起来，可以增加一些现代化的设备，如馒头生产线等等；要加强对食堂管理、炊事、营养、卫生人员的培训。于若木还提出：要对食堂实行民主监督管理，并建议成立全国和地方的食堂协会，以加强和改善全国数十万个集体食堂的行业管理。她还关心中年知识分子的健康问题，并明确提出：要改善知识分子单位的食堂，使食堂向现代化发展，实行科学管理、营养指导，改进烹调，使饭菜做到优质卫生、物美价廉。这样就减轻了知识分子的家庭负担，从而更好地为四个现代化建设服务。

食堂办得好坏跟厨师有着很大的关系。厨师是人们日常

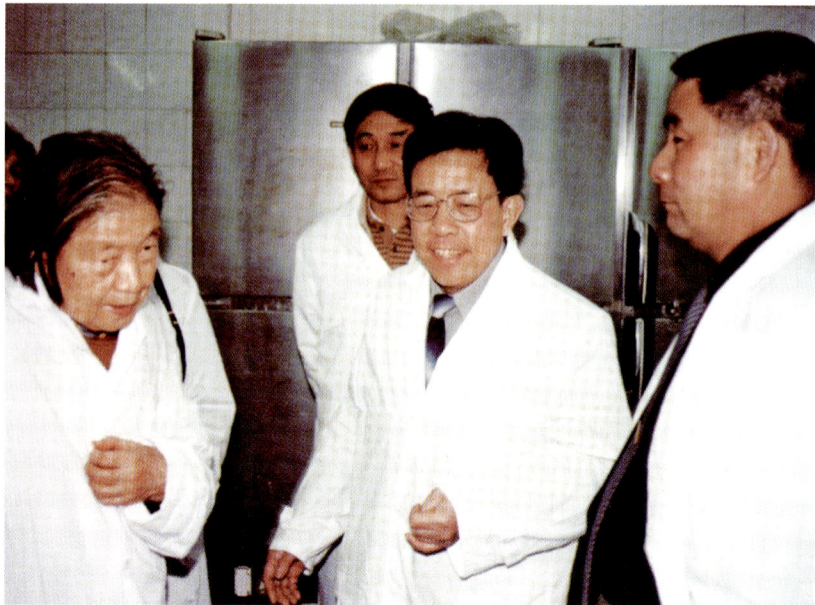

于若木检查食堂工作

于若木、裴玉秀与李振福在面点实习室交谈

饮食生活中的第一营养师，一定要懂得一些营养知识。因此，她在给著名营养学家李瑞芬的信中说："我总觉得，要改善人民的营养，不但要发展食品工业，而且要培训厨师队伍，这个数量是很大的，有短期培训，也要有正规培训。"1996年，北京营养美食研究会举办了"厨师营养知识讲座"。于若木在开讲仪式上指出："厨师的工作是进行食品加工的，做出的饭菜是为了满足人们的营养需要。饭菜质量的好坏，配膳是否合理，直接影响到就餐人的健康。"她在对学员的培训中强调，营养学是一门很重要、很实用的学问，要创造具有中国特色的营养美食文化，必须坚持古为今用、洋为中用。

　　她还提倡要对传统的宴席进行改革。她说：宴席改革的总原则是有益于人民的身体健康的。回顾中国饮食发展状况，大体可分三个阶段：第一阶段是吃饱，第二阶段是吃好求美味，第三阶段是吃好求健康。就总体而言，我们现在正处于从第二阶段向第三阶段转化时期，我们应加速这种转化。为

于若木

了推进宴席改革，她还专门看了北京国际饭店营养室主任吴美云撰写的《名菜营养成分的测定与研究报告》。看完后，在给吴美云的信中说："对240种菜肴做了这样深入而详细地分析测定，国内尚属首次。这是一种艰苦又复杂的劳动，为今后开展宴席改革，推行平衡膳食开了一个好头，奠定了基础。"

于若木对中国美食行业的改革作出贡献，因而受到了国际上的广泛关注。1998年她收到一封来自法国美食家协会的邀请函,邀请她去法国接受蓝带勋章。法国美食家协会（法国厨皇会）是全世界公认的酒店、餐饮、食品业权威机构，蓝带勋章的获得者都是在上述领域有着极高威望、作出杰出贡献的世界知名人士。1999年1月16日，于若木接受了法国美食协会授予的金奖和绶带。

1996年1月16日于若木接受法国美食协会授予的金奖和绶带

关心老区

1946年12月至1947年4月，在陈云、萧劲光、萧华等人的正确领导下，依托临江、长白、抚松、靖宇四县的狭小根据地，在极其艰苦的条件下，经过108天的浴血奋战，取得了四保临江战役的伟大胜利。于若木对临江等革命老区的发展十分关心，生前曾五次来到长白山。

于若木不顾年老体弱多次来临江参加四保临江战役纪念活动。1997年，在纪念四保临江战役胜利五十周年的大会上，于若木说："我曾来过临江，并和陈云同志在临江生活了一个多月。这段时间虽然不长，却给我留下了终身难忘的印象，她使我亲眼看到了我军指战员是在如何艰苦的环境下，以怎样顽强的精神打赢这一仗的；使我亲身感受到了临江

于若木与四保临江战役老将军李政少将祭扫烈士墓

1997年4月3日，于若木在四保临江烈士陵园参加祭扫活动

的老百姓是在如何困难的情况下，以怎样的热情支持着我们党和人民子弟兵的。"2002年，她又来到白山，参加四保临江战役胜利55周年纪念大会。她每次来临江都要去拜谒四保临江战役烈士陵园。每次拜谒她都是久久不语。她曾在这里对长子陈元说："临江是你父亲战斗生活过的地方，临江是你的第二故乡。"

她关心着临江地区的经济建设。当她听说临江正在发展人参产业时，亲自前往临江桦树镇视察人参栽培情况。1998年，在认真查看市领导带去的矿泉水化验单后，于若木给杭州娃哈哈集团董事长宗庆后写了一封亲笔信，使得将要搁浅的项目重新投入建设。2000年，她热心帮助临江引进了一万株易于栽培、口感很好的葡萄苗。2002年8月，她来

于若木

1998年于若木考察靖宇县娃哈哈矿泉水项目工程后留影

到临江参加活动，百忙之中还不忘葡萄的生长情况，亲自到葡萄园查看。2006年1月，为了将白山列入资源型城市经济转型试点，在病榻上的她强忍着病痛的折磨，亲笔致信温家宝总理，写下了"作为一名党员、老同志，我有责任和义务将白山的情况向您反映。恳请您一如既往地给予革命老区更多的关怀和支持"这样感人肺腑的话语。温家宝总理亲自批示，要求国家发改委、振兴东北办认真予以考虑。

她关心着临江地区的交通建设。"振兴白山，交通先行"是于若木1994年为白山交通局的题词。她给时任国家交通部部长的黄镇东写了一封信，让其关心老区的公路建设，在信中说："从支援革命老区根据地的角度，希望能得到交通部的关怀和支持，该地区公路畅则全盘皆活。"她挂念着老岭隧道工程建设情况，在身体状况不佳的情况下，为老岭隧道的立项、评估、融资等倾注了大量心血。老岭隧道打通后，

老岭隧道

她来临江为老岭隧道通车剪彩。在得知老区人民修建长白山机场的消息后，她亲自打电话给国务院领导，动情地说："老区群众盼建飞机场都盼了几十年了，无论如何也要圆了老区人民盼发展、求发展的梦想。"她还给省领导打电话，希望机场的建设能够得到吉林省的帮助。

2000年，于若木与临江市委书记柳忠诚亲切交谈，探讨老区经济建设问题

于若木

她关心着临江地区的学生教育。她为老区孩子的健康成长提供营养指导，为临江建国小学捐赠了豆奶机；她提出"临江要大力发展青少年教育事业，促进青少年健康成长"。当她了解临江经济建设起步较晚，财力相对薄弱的情况后，亲自找李岚清副总理汇报，希望对临江青少年宫建设给予资金支持。她还关心、支持着爱国主义教育和革命传统教育基地建设。

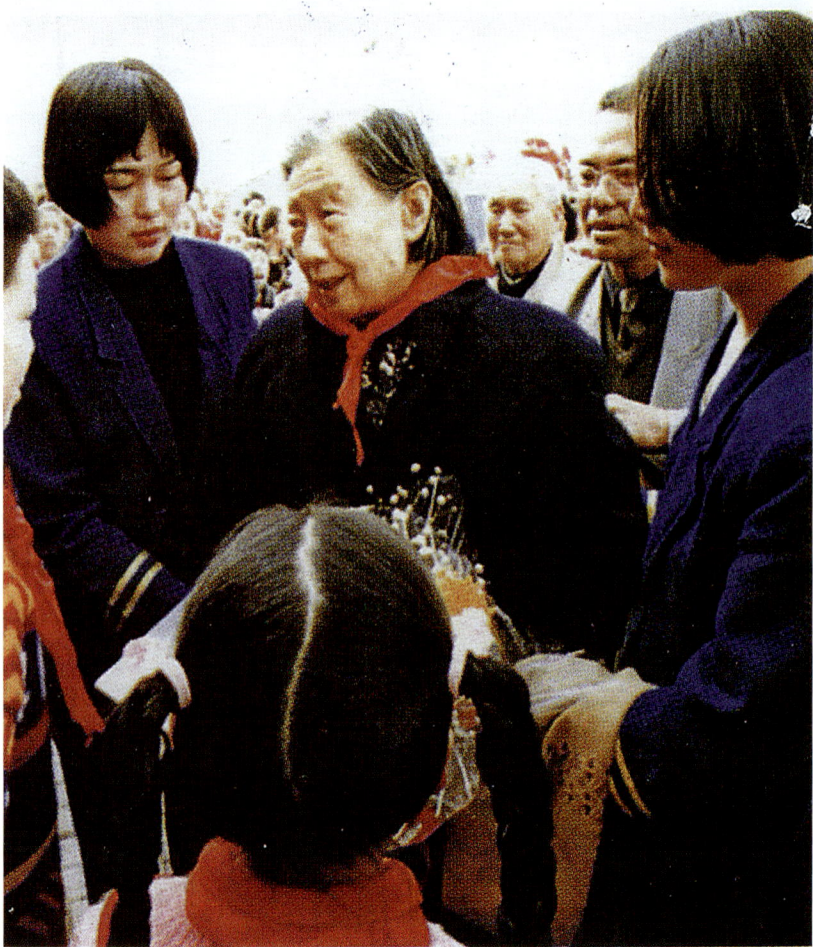

于若木与临江市建国小学少年儿童在一起

于若木参观考察临江林业局参鹿厂并题词

　　于老在生命的最后时刻仍然关心着白山的发展情况。为将白山列入资源型城市经济转型试点，吉林省发改委主任就找过来，请于老给总理写封信。当时，老太太已经在医院躺着了，见老太太病成这样，我也不忍心让老太太再来过问这事。然后，我和伟华商量一会，伟华说："你看老太太精神好着呢，你给老太太看看。"第二天，也就是2006年1月18日，我就把白山的材料拿来给老太太看，老太太看后，趴在病床上，忍受着病痛的折磨，哆哆嗦嗦地给温家宝总理写了封信，信中说：作为一名党员、老同志，我有责任和义务将白山的情况向您反映。恳请您一如既往地给予革命老区更多的关怀和支持。这是老太太写的最后一封信，这封信把白山问题解决了。1月20日，温家宝总理亲自批示，要求国家发改委、振兴东北办认真予以考虑。2006年2月28日，老太太永远离开了我们。

　　　　　　　　　　——陈云生前秘书顾宗宏2013年12月15日回忆

　　除了关心临江等革命老区，于若木也关心其他贫困地区的发展。有一次，曾多年在陈云身边工作的河北省行唐县副县长温书义看望于若木。于若木在得知行唐这一革命老区仍有部分贫困儿童就学难后，当即从自己节俭的生活费中拿出2 000元，委托温书义转赠给行唐贫困儿童。

　　她还先后到新疆哈密、贵州遵义等地查看学生的营养工作。2005年1月，于若木和时任全国人大副委员长周铁农、全国政协副主席阿不来提·阿不都热西提、全国人大常委会副委员长王丙乾以及军事科学院原院长刘精松上将等同志联合发起成立了北京市于若木慈善基金会，其宗旨是：着眼

于若木在临江与省委宣传部、白山市领导亲切交流

公益事业，扶持各地发展；资助贫困落后，倡导文明社会。基金会自成立以来，先后举办了2006年首届中国儿童多元智能大赛、2007年"情系西藏·关爱阿里"——义诊村村行等活动，在社会上产生了良好的影响。

于若木

于若木在新疆哈密西路军纪念园

1999年，于若木与贵州少数民族演员在一起

若木希望小学奠基仪式

2013年7月，由北京市于若木慈善基金会等单位主办的第十二届全国"火炬引导我前进"夏令营在湖南韶山开营

于若木

青浦情结

1955年，为了解实行粮食"三定"政策和整顿粮食统销补课工作的情况，以调查研究发展农业、增产粮食的办法，陈云决定到家乡进行实地调查。5月下旬，陈云由松江地委负责人陪同，回到家乡青浦进行调查研究。于若木随陈云一同到达练塘，这是她第一次到青浦练塘，也是她第一次看到了练塘镇陈云小时候的住处。看过后，于若木还去了小蒸枫泾农民武装暴动指挥所旧址——陆铨生的家。此后，于若木多次到青浦，与青浦结下了深深的情缘。

1985年4月1日，于若木在青浦县委书记朱颂华陪同下参观了大观园。1986年5月23日，于若木在江泽民夫人王冶坪、陈国栋夫人沈一尘的陪同下，到青浦练塘、小蒸、蒸淀、白鹤、凤溪等地考察。她参观了蒸淀净水器厂、羊毛衫厂、白鹤服装厂、凤溪ACE箱包厂，详细地了解了青浦地区的经

50年代陆铨生的家

1960年4月24日，陈云和于若木在杭州接见了陆铨生的母亲陆爱英和夫人曹秀凤

于若木听取上海大观园工作人员介绍

1986年5月23日，于若木在陈云故居前合影，前排左三起王冶坪、杨忠金、于若木、沈一尘

于
若
木

于若木参观蒸淀羊毛衫厂

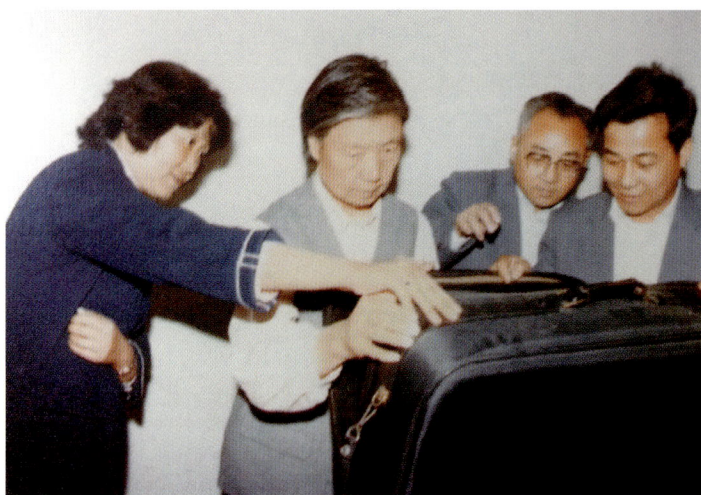

于若木在凤溪参观ACE箱包厂

于若木在青浦参观"青浦食品展览会"

济发展情况和人民的身体健康情况。1987年1月9日，于若木又在上海兴国饭店召集青浦部分集体企业负责人座谈。

她关心青浦人民的疾苦。1988年3月23日下午，于若木来到青浦徐泾制药厂视察，听取了徐泾制药厂的汇报。她对药厂工作给予了充分肯定，并提出了很好的建议。1995年5月13日下午，于若木在上海市领导的陪同下，视察了青浦赵巷蔬菜基地，详细地了解了蔬菜生长情况。1996年9月25日，于若木应邀到青浦徐泾参加了上海创造食品科技有限公司开业典礼，并参观了该厂的生产过程和科技设备。

于若木格外地重视青浦区的文化建设和爱国主义教育基地的建设。1990年，青浦县委、县政府决定以陈云故居为中心建造青浦革命历史陈列馆。1991年到1993年，于若木在北京三次接见了青浦革命历史陈列馆工作人员，并就陈列馆的大纲提出了建议。1992年10月16日，江泽民总书记为青浦革命历史陈列馆题写了馆名。同年11月5日，青浦革命历史陈列馆开馆。于若木在上海市领导的陪同下参加了开馆典礼，并作了重要讲话。典礼结束后，于若木参观了陈列室、故居。1994年10月，陈云故居被青浦县委、县政府命名为县

1992年11月5日，于若木在青浦革命历史陈列馆开馆仪式上讲话

于若木

1991年10月，于若木在中南海接见青浦革命历史陈列馆工作人员

1995年6月13日，于若木参观青浦革命历史陈列馆

爱国主义教育基地；1996年，被上海市人民政府命名为市青少年教育基地。

1996年11月25日，中共中央办公厅秘书局下发通知，批准在原青浦练塘镇的"青浦革命历史陈列馆"的基础上，进一步充实相关资料，建立"陈云故居暨青浦革命历史纪念馆"。

2000年6月，新馆正式开放。于若木参加了新馆开馆活动，并参观了纪念馆。她感慨地说："我看了以后，印象特别深，比我想象的还要好，真是精心设计、精心施工，每一个细节都是经过精心施工得出来的。做的非常满意，我是非常满意的。它把陈云光辉的一生都体现出来了，每个时期都有他的代表照片和纪念物品。我觉得对我来说，也是重新受到了教育。我虽然跟随陈云近60年，但这次看了纪念馆的展品，

2000年6月6日，于若木参加陈云故居暨青浦革命历史纪念馆开馆仪式

于若木与上海市、青浦区地方志人员合影

于
若
木

觉得有了一个贯穿始终、完整的概念。"在参观故居时，于若木说："我有回家的感觉。"2001年6月，陈云故居暨青浦革命历史纪念馆被中共中央宣传部命名为全国第二批爱国主义教育示范基地。

2002年4月27日，于若木到陈云纪念馆参观，并题词："尽善尽美 精益求精"。如今，"求精"已经成为了纪念馆八字馆训的组成部分。陈云诞辰100周年之际，于若木到陈云纪念馆查看了陈云铜像的安放位置，参加了青浦区创新地方志工作座谈会。2005年6月8日，于若木到陈云纪念馆参加陈云铜像揭幕仪式。

于若木还关心青浦区博物馆的建设。1987年12月5日，于若木为博物馆陈列厅揭幕写了贺信。在贺信中，说："欣闻青浦县博物馆定于十二月九日正式揭幕，对此谨表衷心祝贺！博物馆开放之后，必将对青浦县的精神文明建设和革命传统教育起促进作用，预祝这方面取得成功。"2005年6月8日，于若木参观了青浦区新建的青浦博物馆。

2005年4月27日，于若木视察了陈云铜像安置地点

尽善尽美 美求精 善益精

于若木

2002427

2002年4月27日，于若木为陈云纪念馆题词

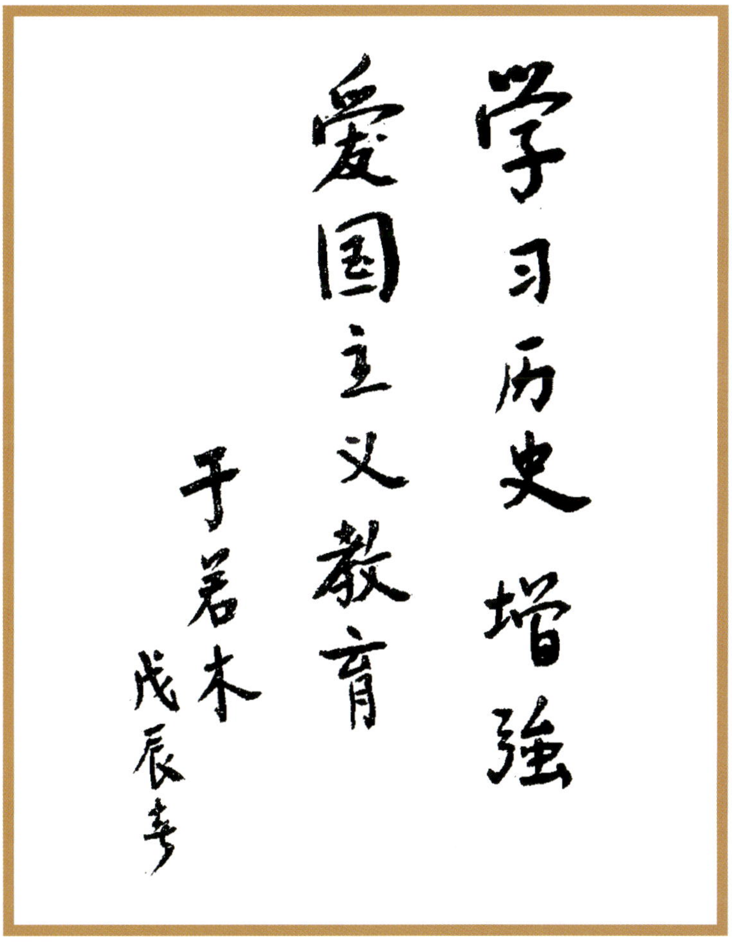

学习历史 增强 爱国主义教育 于若木 戊辰春

1988年春，于若木题词

于若木

情谊风范

人生在历史长河里仅仅是一瞬而已。"朝如青丝暮成雪"这是自然规律，然而有了永恒的价值追求，永葆青春是可以做到的。

"夕阳红似火"。晚年，于若木在紧张的工作和繁忙的社会活动之外，总是抓紧时间查阅国内外资料，通宵达旦撰写论文或报告，完成稿约或准备记者采访，笔耕不断。这些负担压在于若木瘦弱的身体上似乎有些沉重，然而她却乐在其中。她常讲：人活着不能老想着得到什么，总还要讲点奉献。"老牛明知夕阳短，不用扬鞭自奋蹄"是她的座右铭，也是她人生真实的写照。

由于于若木孜孜不倦地学习与钻研，她成为中国营养保健事业的开拓者，在营养学、食品学等领域颇有建树。1986年，她被聘为中国营养学会荣誉理事，1987年7月，被评为研究

于若木的著作

员。她还担任过中国营养学会会长一职。1999年出版的《于若木文集》是她近二十年来思索和辛勤笔耕收获的结果。从著作中，我们感受到：她的知识渊博，学风严谨，造诣深厚；她的文章深入浅出，文风朴实无华，字里行间，能感受到一位老革命家心系民族未来的高风亮节，文里文外，会看到一位老前辈以其渊博的知识和科学的胆识，给现实和未来以深远的启迪。

为了更好地总结于若木的营养理念与实践，弘扬于若木在营养学上的业绩，促进中国营养事业的发展，2004年4月12日，由中国保健协会主办，中国营养学会与于若木营养发展中心协办的"于若木营养理念与实践座谈会"在北京人民大会堂举行。出席会议的有：全国政协副主席郝建秀，国务院法制办公室科教文卫法制司司长史敏。另外，还有欧盟的官员和香港的朋友们、各部委各协会的同志们。彭佩云副委员长因在外地出差不能前来参加会议，特委派全国妇联

1999年4月11日，《于若木文集》首发式座谈会在首都人民大会堂举行。于若木与全国人大常委会副委员长吴阶平、卫生部原部长钱信忠等合影

于
若
木

2004年4月12日，"于若木营养理念与实践座谈会"在北京人民大会堂举行

2004年4月12日，于若木与全国政协副主席郝建秀在座谈会上

书记处书记张世平带人参会并发言。

在座谈会上，蒋建平研究员介绍了于若木营养理念与实践及其业绩和风范；全国妇联书记处书记张世平代表彭佩云同志讲话，充分肯定于老为改善儿童营养，促进儿童健康成长所作出的突出贡献，称于老是我国营养学的开拓者和营养事业的一面旗帜和典范。中国保健协会常务副理事长潘学田代表张凤楼理事长讲话，希望大家学习于老的远

见卓识和无私奉献的崇高精神。农业部原部长何康讲话，说：特别可贵的是，于老善于团结广大科技工作者，把营养与农业、食品工业密切结合，为解决十几亿人口的"吃饭"问题而献策献计。原轻工业部副部长、中国食品工业协会名誉会长杜子端说：于老是我国现代营养学的开拓者，她的营养理念和实践催人奋进。中国营养学会理事长葛可佑说：于老对我国有关营养改善的各项重大工作都贡献了自己的智慧和力量。原国家发展与改革委员会公众营养与发展中心主任于小冬说：于老是广大人民尊敬爱戴的学者，是营养改善事业的一面旗帜，是全力推动营养工作的典范。

于若木

张世平代表全国人大原副委员长彭佩云讲话

杜子端会长讲话

何康部长讲话

葛可佑理事长讲话

于若木与刘少奇夫人王光美在一起

于若木与王光美、张文、周瑾等老同志在座谈会上合影

于
若
木

　　于老在营养学上的第一个贡献就是向全国宣传了营养对民族健康的重要性，是中国第一人。不管当时领导重视不重视，这个问题的提出本身具有重大意义。如果当时的建议都被采纳，现在中国的营养事业不会是这个样子。第二个贡献就是把营养科学变成了营养文化，让人民接受营养事业。从于老开始，她就把营养科学推向了社会，推向了群众，这应该是她的开创性贡献。这个贡献我觉得也是很重要的。第三个贡献就是她把许多营养改善的重点内容一项一项地进行持续不懈地推广，向中央领导当面建议。最后有些问题能够取得成果，跟于老所付出的心血分不开。她向各个层面的领导写信，比如中央领导、省部级领导、地市级领导等等。她把营养学中的关键问题提出加以普及和提倡，把营养科学变成社会行动，变成政府的行动。我觉得，这是于老在营养事业最为重要的三个贡献。

　　　　　　　——新华社高级记者施宝华 2014 年 3 月 27 日回忆

　　大家一致认为，于若木创造了一个辉煌的晚年。20世纪80年代以来，于若木坚持求真务实，发扬艰苦奋斗，密切联系群众的优良传统，不顾年事已高，走遍了大江南北，长城内外，深入到贫困山区和西部农村，开展调查研究，解决食物与营养发展中的实际问题，取得了显著成效。凡是同她接触过的人，都能强烈地感受到她对党的事业的赤胆忠诚；对祖国和人民的炽烈热情；以及谦虚谨慎、平易近人、乐于济危等高尚品格。

　　于若木的这种高尚品格，不仅体现在事业中，也体现在日常生活中。卫生部食品监督检验所副研究员巫鸿坤，过去曾在中南海做过保健工作。1996年5月，他患重病住进了医院，于若木知道后立即去医院看望。巫鸿坤和他的亲属怎么也不会想到于老会来看望一个普通研究人员。巫鸿坤虽然已不能用语言表达自己的心情，但是，热泪从他的眼角流淌出来。于若木向巫鸿坤的家属询问了病情和治疗情况，亲切地说："老巫为医疗保健和食品检测监督事业作了很多有价值的工作，工作尽心尽责，一定要同医院好好配合，千方百计把他的病治好。"说着，她从包里取出5000元钱给巫鸿坤的亲属，巫鸿坤的家属怎么也不肯接受。于若木诚挚地说，巫鸿坤同志住院耗费很大，你们的经济会有困难。我帮不了大忙，只是表示一点心意。于若木的探望和厚赠，使巫鸿坤全家沉浸在激动之中。他们说，于老是德高望重的革命前辈，对一个普通研究人员这样关怀，这是多么难得的无私爱心！她对我们全家的教育和鼓舞是刻骨铭心、永生难忘的。

于若木对营养学界和身边的每位工作人员都是关爱有加。平时身边的工作人员谁生病了，哪儿不舒服了，她知道了都会说："我给你治一治。"她还教大家保健知识。就连身边的工作人员妻子生小孩，她都主动送点营养品。新华社记者施宝华有一段时间身体不太好，变瘦了，

于若木在飞机上阅读营养报刊

于若木还亲自为他送去了治疗仪。陈云生前秘书萧华光生病住院了，她熬了鸡汤送过去，萧华光十分感动。她对大家的关爱，时时刻刻都能体现出来。她还常为海啸、地震等自然灾害受害者捐款。

于若木还关心着身边年轻同志的成长。北京润生食品有限公司董事长丁静回忆说：作为刚刚进入营养这道门的年轻同志，奶奶时刻关注着我成长。记得奶奶到我们公司指导工

于若木接受新华社高级记者施宝华采访

于若木捐款收据

作时，我把一叠证书都摆出来，让奶奶看看。本想，奶奶会夸奖我。但是，奶奶却语重心长地对我说，丁静，我说你一句话你别生气啊。这些证书只能代表过去，不代表未来。因为有了这些证书，你不能永远的赞扬自己，你要觉得这些证书是沉甸甸的，是责任，是往前走的动力。奶奶说的很重，但是她又把我当作她的亲人，一边教我怎么来做人做事，一边教我怎么来做企业。

于老每年都要给希望工程捐款。捐款的钱都是她的稿费、润笔费、顾问费等。她把每一笔钱的来源，都记得十分清楚。当她把这个钱捐到希望工程的时候，就以给她钱的人的名字去捐，捐完以后，再把证书给人家寄回去。

她捐自己稿费的时候，写的名字是"一个老共产党员"。因为我经常去，后来希望工程的人都认识我了。负责人就找我聊了一下，他想知道这位老同志是谁，想做一下正面的宣传。我说，那我回去要请示一下。我回去以后就把这件事情告诉了于老。于老说，就不要宣传了。就这样，用"一个老共产党员"的名字，于老把自己的稿费都捐了。

——于若木身边工作人员王峰 2012年12月11日回忆

于若木

关心陈云

陈云和于若木在杭州

1949年新中国成立时，陈云已经44岁，当时他的健康状况并不好。他说自己是"木炭汽车"，走走停停，有时还要有人推一推。但陈云给人的感觉总是身材适中，步履轻盈，目光有神，即使是七八十岁高龄依然思维敏捷，精神矍铄。大家认为：这与搞营养学的于若木的悉心照顾，有着十分重要的关系。

在一次采访中，于若木谦虚地说："这主要是陈云同志对自己的身体有个清醒的认识，由于知道自己身体不是太好，所以就懂得爱惜，处处小心谨慎。他每天都听天气预报，外出开会或参加社会活动，必先了解当地气温，以决定增减衣服，每次出席重要会议之前，总要留一段时间养精蓄锐，以保证会议期间精力充沛。所以，尽管体质较弱，却能做到'天人合一'活到九十高龄。"

于若木根据陈云的身体情况制定了十分普通但又有效的食谱。早餐：面包，果酱，黄油，豆浆，有时再加一小碗稀粥和一小碟煮花生米；午餐：一荤一素，二两米饭，荤菜大都是各种自做的丸子；晚餐：豆制品，蔬菜，一两半米饭。她说："陈云的菜谱是平衡食谱。现在常说的平衡食谱，他当时就做到了，这对他的健康是至关重

于若木为陈云制作主食使用过的天平

要。"于若木还说："陈云的自控力非常强，他不请客，也不被请，需要他去应酬赴宴的时候，他一点不吃，还是回来吃他的平衡膳食。有一次小平同志宴请金日成，让他去作陪，他都没动筷子，宴席上任何东西没吃，还是回来吃家里的饭。他把握自己把握得好，如果在宴席上吃了，就破坏了他的膳食平衡。"

为了保证陈云米饭定量的准确，于若木还自己动手，用硬纸板制作了两只容器，一只是二两的，一只是一两半的，还做了一只量水的杯子。这样每次蒸饭，都保证软硬适度，恰到好处，也保证了陈云每顿饭菜都能吃光，从不浪费。后来，这个量具由上海市的一个宾馆仿制成白铁皮的，一直使用到陈云逝世。

此外，于若木还一贯主张"五果为助"的原则，让陈云坚持饭后吃两根香蕉、一个苹果或一个雪梨。于若木认为香蕉富含钾，有平衡体内钠的作用，缺乏钾会导致虚弱失眠，严重的会使人心律失常。陈云工作忙、睡眠少，常吃香蕉有助于保证睡眠质量，这也与陈云的"睡眠第一，吃饭第二"的保健理念不谋而合。所以陈云很乐于接受，积极配合。

于若木

陈云使用过的茶叶罐

陈云还听从于若木的建议，坚持饮茶，但要饮绿茶。他终身坚持饮绿茶，每次只放3片茶叶。长期饮用绿茶，既可以提神醒脑，促进新陈代谢，有效排出体内有害物质，又不至于过分刺激神经，有效避免浓茶对体内器官的伤害，这确实是保健长寿的好窍门。

陈云在杭州吃饭的照片

陈云同于若木在一起

于若木

　　于若木同志是一位非常可亲可敬的老同志、老人家。对首长的工作是百分之百的支持。不管是首长的什么事，她都时时刻刻放在心上。几十年如一日，关心首长的生活。首长的生活方面、饮食方面，她都亲自过问。首长吃的每道菜，她都精心地去布置、去研究；首长穿的每件衣服，她都亲自去做、去挑选。总之，于若木同志是首长家里一位好的后勤部长。

　　　　　　——陈云身边的工作人员姜仕亮2013年12月12日回忆

　　父亲去世后，在遗体告别当天，母亲把我们召集起来，她和陆阿姨给我们开了个会，就是说父亲去世以后你们一定要谨言慎行，一定不要做任何有损于国家的事情，不要做任何对不起这个家庭，对不起父亲的事情。在这个社会上生活，你们一定要有自己的形象，而不是生活在你父亲的光环下。这次会开的挺严肃的，我们坐在那儿挺难过的，谁也不说话。我估计这次会开了有20多分钟。我对母亲说的这番话，印象特别深刻。老太太还是挺有政治头脑的，给我们敲一下。

　　　　　　　　　　——陈伟兰2014年1月17日回忆

晚年生活

　　于若木老年时，气色极好，思维清晰，一点都没有耄耋老人之态。于若木说出了她的养生之道："关键是要做到营养平衡、起居有时。我是争取做到这两点，但没有做到陈云同志那样好。他的生活可以说是'数字化'，也就是定时定量。"

　　在于若木的办公室，有一幅醒目的养生格言：多读书以养胆气，少忧虑以养心气，戒发怒以养肝气，薄滋味以养胃气，惟谨慎以养神气，顺时令以养元气，须慷慨以养浩气，胸豁达以养正气，傲冰霜以养骨气，当忍让以养和气，应谦恭以养锐气，莫怠懈以养志气。她会向来访的每一位客人，精辟地阐述这"十二气"的真谛。

　　晚年的于若木从来没有一种"我已经80多岁了，该享福了"的想法。她仍然为中国的营养事业继续奋斗着。每当

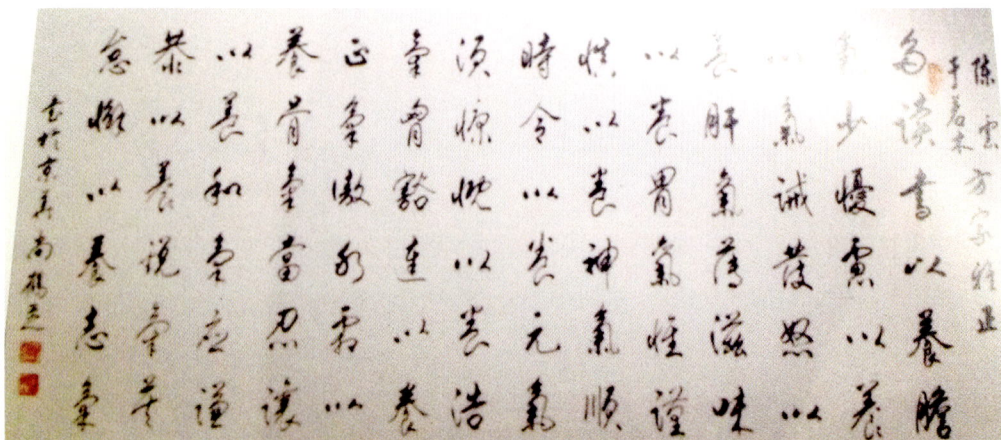

养生格言

遇到营养学方面的会议，她都亲自参加，而且自己动手写发言稿；每当营养学界的同仁们求助她一些事情时，她都尽力去解决。86岁高龄的于若木仍不断探索，撰写出版了《循经取穴胶布疗法》一书。书出版后，她再三叮嘱，定价不能高。这本书深受老少边穷地区和边防部队的欢迎。出版一年后，再版4次。

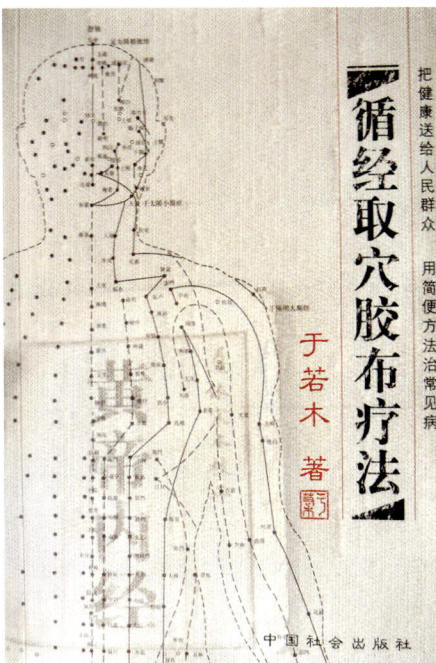

于若木写的书籍

于若木

　　《循经取穴胶布疗法》是三姨最后的一个项目、一个研究课题，三姨最后几年就钻研这个。三姨自己十个手指头上都贴上胶布，同时在家里给身边的工作人员贴，出门了给遇到的人贴。反正就是走到哪儿贴到哪儿。经过实践，在头部、手、脚等皮肤不是太厚的地方贴上以后，效果还是比较明显的，尤其是对流鼻涕、打喷嚏、失眠等症状特别管用。

　　这本书花了三姨好几年的心血才完成。在她去世前，也就是一月份，我们去看她的时候，她就说这本书，要修订再版。这是三姨的一个心愿。

　　　　　　　　　　　——孟运2013年12月11日回忆

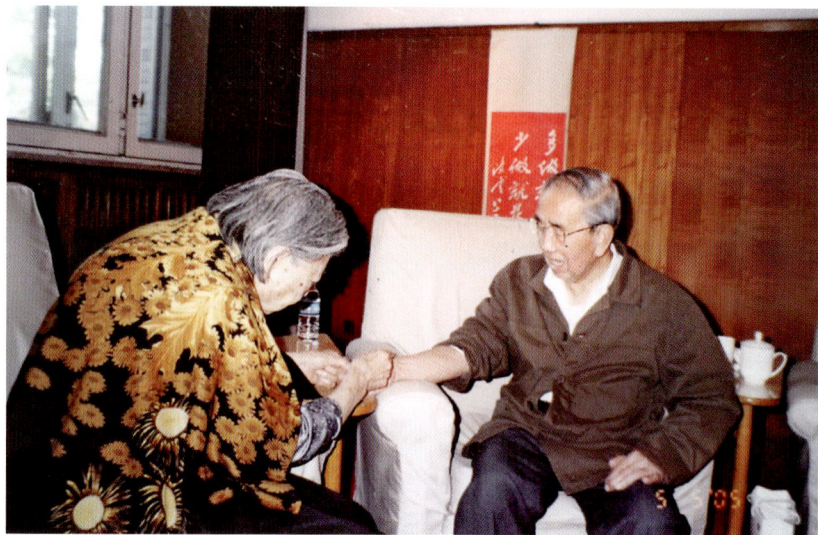

2005年5月，于若木在家里同杜子端交谈饮食文化研究，于若木用自己研究的胶布疗法为杜子端治病

　　她的长女陈伟力回忆说："母亲一直不太承认她老了，她老觉得自己身上还都是劲儿，但实际上，她自己心里边也明白，好多事情她做不到了，但是表面上她都使劲撑着，走路还要走得快，实际上也走不动了。在她去世的半年前，顾秘书跟我母亲说，安排一个人到她房间里头住，夜里起来好扶一扶，搀一搀。母亲拒绝了。结果就那么摔了一跤。这个都表现出来她要强的心理，不服老。我也跟母亲说过好多次，你要承认自己现在不像以前那样了，得承认现状，是需要别人照顾的。"

　　由于夜里摔了一跤，2005年于若木住进医院，直到逝世。在医院里，她仍然关心着国家大事，关心着营养事业。孙树侠回忆说："2006年2曰8日，于老临终前半个月，人大副委员长韩启德、国家公众营养中心主任于小冬和我一起去看望了于老，向她汇报了国民营养事业已列入国家'十一五'

计划，世界银行、一些国际组织也非常关注我国的营养事业的发展。营养师也列入劳动部的新职业，已经培养了近2万名的营养师。"于老说："你们要用好手中的权力，政府重视非常重要……多为人民办好事，要为民造福。"韩启德副委员长表示："政府就是要重视国民营养、国民健康，您关心的事情我们一定办好！人民给我们的权力，就是要为人民办事，为民造福。"

2006年2月8日于老弥留之际，赠韩启德画册和著作，并签字留念

于若木

晚年于若木

与世长辞

2006年2月28日，走过87年人生旅程的于若木，在这一刻，在北京医院与世长辞。

在近70年的革命生涯中，于若木同志忠于党，忠于人民，对共产主义事业忠贞不渝。她早年参加革命工作，经历了革命战争年代艰苦环境的考验，也经历了社会主义革命和建设中的曲折道路，历尽艰辛，饱经风霜，磨砺出坚定的革命事业心和政治责任感。她服从党的安排，组织观念强，讲政治，顾大局，自觉在政治上、思想上、行动上与党中央保持高度一致。她对待工作积极主动，认真负责，干一行，爱一行，钻一行，任劳任怨，具有务实精神。

她长期在科技部门工作，兴趣广泛，关注新生事物，对新科学技术有着浓厚的兴趣，形成了坚持真理、崇尚科学价值观。由于孜孜不倦的学习和钻研，她成为我国营养保健事

2006年2月28日，于若木与世长辞

于若木

业的开拓者，在营养学、食品学研究领域颇有建树。她一生坚持学习，晚年能够研读英文营养学专业文献，86岁时仍不断探索，撰写出版了《循经取穴胶布疗法》一书，是一位名副其实的营养学家。她还团结了一大批从事营养学工作的专家、学者和实际工作者，为现代化建设和人民健康事业作出了突出贡献。她一生热爱学习，追求进步，坚持活到老、学到老，具有较深的政治理论修养和文化知识基础。

她坚持理论联系实际，认识问题全面深刻，分析问题客观准确，坚持原则，实事求是。她密切联系群众，关心群众生活，以普通劳动者自居。她严格要求自己，襟怀坦白，勇于开展批评和自我批评。她为人正直，作风正派，谦虚谨慎，德高望重，被广大干部群众尊敬地称为"老大姐"。

她与陈云同志相伴一生，风雨同舟，相濡以沫，互助互爱，堪称革命伴侣中的楷模。她衷心拥护、认真学习贯彻中

各界人士沉痛悼念于若木同志

央领导集体重要思想，对党的事业和国家的前途充满信心。

　　于若木同志的一生是革命的一生，战斗的一生，为党和人民的事业奋斗的一生。我们要缅怀她的革命业绩和奋斗历程，学习她的优秀品质和崇高精神，勤奋学习，扎实工作，为全面建设小康社会、开创中国特色社会主义事业新局面而努力奋斗。

追悼会现场

回忆母亲

20世纪60年代全家福

陈伟力：长女的思念

1. "你是老大，要照顾弟弟妹妹"

母亲给了我很多的关心、很多的教育。在家庭方面，母亲教育我"你是老大，要照顾弟弟妹妹"。所以，从小我这个意识就特别强。记得在我上四年级的时候，元元刚上小学，我每天上学把元元送到班里去，放学后接他一起乘车回家。刚上学的时候，元元还不能适应学校的生活，每天在学校午睡后，我还要去帮元元叠被子。后来慢慢地，元元就适应了，自己可以叠被子了。初中以前，我，元元，伟兰和南南（伟华）住在一个屋里。我经常要照顾他们，让他们关灯睡觉不要讲话，有时候夜里还要起来帮他们盖盖被子。

于若木与长女陈伟力在一起

在集体生活方面，母亲常叮嘱"你是集体中的一员，你的一些行为会给其他人造成影响，所以，你要懂得自律，做事不能光想着自己，要想到其他人的感受。"母亲为什么经常说到这一点呢? 她说，你从小没有上过幼儿园，不像元元、南南都上过幼

于若木

1979年春，陈伟力与父母在杭州

儿园，你一直在家里面，老想着自己，但是你要懂得照顾别人，关心别人。后来我上学了，到了集体环境中，母亲更是提醒我，在集体中要有这个意识，要想到别人，考虑到自己行为给别人造成的感受。

2.一次别开生面的家庭民主生活会

我们家开过一次民主生活会，是我母亲和陆琳阿姨发起的。这次民主生活会主要是针对我的问题，在初三到高中这个阶段，我很叛逆，整天跟母亲顶嘴。她对我说什么事情，我都呛着她。当时，母亲说，这孩子怎么回事，以前挺听话，现在怎么整天和我顶嘴。

后来，我的叛逆情况发生了变化。有两个原因：一个原因是高中后，我意识到母亲还是为了我好，也就不太顶她了；还有一个原因是我们开过一次民主生活会。这次民主生活会，我估计是陆琳阿姨发起的。当时，陆琳阿姨从苏联学习回来，带了一些新的理念——让我们开家庭生活会，互相提意见。母亲、陆琳阿姨、我，可能元元、南南他们也参加了会议，但是他们都还小。我记得那会儿母亲就给我提意见，说我老是顶嘴之类的。然后，我也给母亲提意见。给母亲提了意见之后，陆琳阿姨还说，讲得挺朴实的，也还是有道理的，这次民主生活会开得挺好。会后，我的表现就比较乖顺了。

3. 母亲一生都以照顾父亲为重

母亲在家里一直强调，爸爸的需求是第一位的。他有什么要求，我们大家都要为这个让路，包括母亲自己的事业。母亲这么多年，工作单位都是不断变动的，没有在一个单位持续工作很长时间。因为她很多时间都要照顾家、照顾父亲。

新中国成立后，母亲对俄文很感兴趣，学习也很努力。但是，毕竟年龄大了，基础也比较低，学习俄文对她来讲还是比较吃力的。父亲身体不好，需要长期休息，她就放下了手中的工作，一直陪着。直到"文革"前，母亲才调到科学院植物所工作。那些植物也是她很喜欢、很感兴趣的。"文革"期间，她在植物所也没有做成很多的事。"文革"结束以后，她又回到科学院工作。由于路途太远，母亲骑自行车

于若木与陈伟力等在一起

上班。一次骑车途中脚部被撞，导致骨折，父亲就再也不允许她骑自行车上班了。然后，母亲就调到离家较近的中办的一个研究室工作。母亲就是从这时开始研究营养学的。

4. 营养学是关系到国家长远发展的一个战略

母亲在营养学方面是非常下功夫的，请教了很多营养方面的专家学者，看了很多书籍，查了很多资料。在每次会议上，不管是提建议，还是讲观点，母亲都认真准备稿子，有时写到半夜。她所写的稿子都是经过深思熟虑的，确实也在营养学方面提出一些观点和见解。后来，母亲认识到营养学是关系到国家长远发展的一个战略问题，她就更朝这个方向努力了。

母亲非常重视学生营养问题。母亲说，她要把学生营养午餐这个事儿推广，而且要一直坚持下去。因为这是一个更为重要的关系到国家战略的问题。一直到去世前，母亲都非常努力地去推广学生营养午餐。她走过多少学校，看过多少食堂，她自己也记不清楚，从黑龙江到吉林、辽宁，再到山西、陕西、浙江、上海，一直到海南三亚。那时候王富玉当三亚市委书记，给她安排了学校食堂去参观，看看孩子吃得怎么样。王书记还请我母亲给他们讲学生营养，给教育局讲学生营养的重要性。母亲还专门跑去一些边远、贫穷的地方，了解农村孩子的营养情况，并研究怎么来解决农村孩子的营养问题。

应该说，母亲从事营养事业是她人生的一个辉煌阶段，更重要的是填补了国家这块空白。母亲从上到下地跑，把国家领导人、省、市、县的干部都调动起来，呼吁他们重视学生营养工作，这是件挺不容易的事。不管有多艰难，母亲总是不遗余力地去宣传、推动这个事情。

5. 母亲教会我生活本领

我在初二那年，安排我不再住校。从那时起，父亲交待母亲开始教我缝纫的技能。她裁好衣料让我做，有的手缝，有的用缝纫机做。教我用袜板补袜子，用毛线给自己织手套、袜子，大件的毛衣毛裤都是母亲给我们织。我现在还留着母亲给我织的一件毛衣，一直穿到大学毕业我到物理所工作。母亲还教我们缝被褥。拆洗后，自己缝好。我记得在初中时，当时西藏领导人来京，送了些手织呢子，母亲把它裁成一段段，让我把它们拼成一条毯子，可能共做了两条毯子。我们五个人都用过。

到高中后母亲让我到厨房帮厨，学习炒菜、和面、做馒头、花卷等。学会了做饭，不仅成家后能够很快自立，还可以在关键时刻派上用场。母亲不在家的时候，父亲的生活就由我来照顾。1971年，我陪父亲住在江西。期间厨师生病，我便做了一段时间的厨师工作。入冬后，亲手给父亲做了件丝绵背心，初春时，又做了两套衬衣衬裤。父亲告诉我，是他让母亲指导我学习做家务的，他说女孩子将来总要成家，这些家务都要会做。

于若木与家人在一起

陈元：母亲对我们的关爱

1. 我们所有的生活都是母亲照料

新中国成立后，姐姐和我上小学，妹妹上幼儿园，一切吃喝拉撒睡都是母亲照顾，花了母亲很多时间。这段时间是母亲在家最忙碌的时候。母亲非常节省，勤俭持家。比如，困难时期，我们家每年的布票怎么用，母亲都要计划好，得让这么多人都穿上衣服。我们的衣服都是一个传一个的穿，我姐姐穿过的衣服就传给我，我穿过就传给伟华、伟兰，最后是陈方，有的传不到陈方就已经破得不行了。

过年的时候，母亲把平时省下来的布票给我们每人做一身新衣服。我们从小到大的衣服全是母亲自己做的，为此，她专门买了一台缝纫机。衣服撕破了，也是母亲给我们缝。所以我们家孩子的衣服和别人家比，都显得比较旧，总是有补丁。我们家就是不能跟别人比穿的、用的，生活非常艰苦。但是，饮食方面尽量给孩子们营养好一点，母亲有时买点肉、买只鸡，让孩子们多吃一点，因为我们都在长身体，也需要营养。所以我们家的特点就是穿得破点，吃得好点。

上大学时，我带去学校的被褥，都是我母亲用布票和棉花票换回材料，自己缝制出来的。棉花票可以买现成的、弹好的棉絮，也可以买一捆棉花回来，自己一块一块地絮。母亲一般是自己絮，絮好后再自己缝。上大学后，被子从学校拿回家里洗好后，再拿回学校也很费劲，我就在学校自己洗，自己缝。同学们看到，也觉得我们家是比较朴素的，没有什

于若木

祖孙三代

么特殊。

2. 母亲每学期给我买一只小足球

母亲对我的要求是严格的，对我的影响是潜移默化的。我要是在学校表现好，戴红领巾回家，母亲就会表扬我的；母亲每学期都要看我的成绩册，成绩好，她也要表扬我。我小学就爱踢足球，好运动。所以，母亲对我还有点特殊的照顾，就是从小学三年级到六年级每学期给我买一只小足球，比成人的足球要小一号，但也是皮革制成的，质量也不错。当时，我不戴眼镜，可以冲、可以撞，比较灵活。上初中后，我戴眼镜了，踢了不到两个月，眼镜经常碎，后来就不踢了。

母亲给我买的足球，能够我踢一个学期。在我们班上，乃至全年级都是最好的。那时，下课的第一件事，就是抱着足球往院子里跑，因为大操场远，我们就在小院子里踢，拿两堆砖头，或是拿两个书包做球门，一个人守门，一拨人守，一拨人攻，攻进去一个，就攻守转换。一个学期能把那个球踢得破破的，上面都是裂缝。

有一年学期结束，家长都来接孩子。我拿着足球从操场上往回走，刚走到教室的门口，薄一波把我拦下来，同我交谈，并让我把球递给他。他接过球，一脚把球踢出去。我跟着皮球追过去，把球抱回来，对他说，你踢得真远！他说，这个球还是不错的。

3. 母亲从来没有坐过父亲的红旗车

父亲说公家的车不能坐，所以我们出门都是自己走。我们家基本上每人都有辆自行车，母亲也不例外。母亲从四九年进城，就一直骑自行车，骑了几十年。无论上班、上学（进修俄文），还是上街买东西，无论是炎热的夏天，还是寒冷的冬天，都是骑车去。

有一次，母亲在骑车上班的路上，被年轻人撞倒了。这个年轻人迅速下车搀扶，面带紧张，担心我母亲要求赔偿。母亲忍痛爬起来，觉得伤势不重，就让年轻人离开，自己蹬

于若木与陈元（右一）、陈方（左一）在新疆

车回家。回到家以后，脚部红肿。经医生检查，脚面骨折，不得不休息很长时间。后来，父亲就不让母亲骑车了。警卫局也觉得岁数大了，骑自行车上班不安全，就给她配了一辆机动车，供上班使用。

在北京，母亲从来没有坐过父亲的红旗车。只有在外地陪父亲休养的时候，父亲出门坐车，母亲才跟着坐车。

陈伟华：伟大的女性，伟大的母亲

1. 母亲是一位伟大的女性

母亲是一位有才华、非常聪明、能干的人。她的家庭出身是书香门第，她也多次跟我们说她很佩服她的两个哥哥，还有我们的大姨。母亲经常给我们提起她的家庭成员，每次谈及，她都特别自豪。

在母亲身上尽显中国劳动人民勤劳的本色。她不仅要照顾我们五个孩子，还严格要求自己的工作。我记得，在国庆十周年的时候，母亲到人民大会堂去参加劳动，在烈日下，她戴着草帽，穿着劳动服装，参加劳动。劳动结束后，骑着自行车回到家里，又要忙活我们这一大家的事情。那段时间我觉得母亲特别辛苦。

母亲对工作人员十分关心，主动用自己所学知识帮助大家。在北长街住的时候，母亲自学扎针、针灸。警卫班有什

1999年2月，于若木与陈伟力、陈伟华在一起

么小毛病，母亲都给他们针灸治疗。我从怀柔教书回来后，母亲也会给我针灸。在晚年，母亲研究循经取穴胶布疗法。每次，家中有身体不适的客人到来，她都热心帮他们贴胶布治疗。记得母亲的一位朋友正是通过这种方法治愈痛风的。母亲就是这么一位热心肠的人！

2. 母亲手把手教我织补毛衣

母亲爱学习，爱生活，勤奋又善于动手。因为家里孩子多，全部出去买现成的，开销太大。所以，我们小时候穿的毛衣都是母亲自己织的。母亲织得非常快，她一边看书或者一边聊天，就把毛衣织出来了。对此，我的印象很深刻。

母亲手把手教我织毛衣。记得搬到中南海以后，母亲教我怎么织插肩——就是自己织出来肩膀，不用缝上去的那种。这是我唯一一件自己织过的毛衣。现在，这件毛衣挺珍贵的，想起来仍旧觉得挺感动。

母亲不但教我织毛衣，还把自己琢磨出来的修补毛衣的

于若木

陈伟华与父母在一起

办法教给我。我的一件毛衣磨破后，就是按照母亲教的办法修补的。织补的地方颜色不一样，能看的出来。这件毛衣我原以为找不到了，现在又找出来了，我特别高兴。

母亲还教我们绣花、做针线活。当时，我绣的一条手绢还被学校拿去展览。母亲告诉我，缝东西的时候要用倒针缝才结实。到现在，我还用倒针缝东西。想起这些事，我觉得挺感慨的，母亲对我们的培养特别用心，想尽了各种各样的办法来提高我们的生活本领、生活能力。我觉得她确实尽到了当母亲的责任。

3. 母亲要求我们写毛笔字、背毛主席诗词

母亲也特别重视我们文化素养的培养。每年学校放假的时候，母亲就用毛笔在宣纸上写了红模子，然后让我们去描红模子，每个人一天要写三张。母亲还给我们买了欧体的、

于若木与陈伟力（右二）、陈伟华（右一）、陈伟兰（左一）在一起

柳体的等各种字帖，让我们照着练毛笔字。

在我上小学的时候，母亲还要求我们背毛主席诗词。小时候背的东西印象特别深，记得也特别牢。长大后，自己的理解力增强了，对毛主席以及诗中所体现的思想境界、人格魅力有了更多地了解。当老师以后，更觉得这个使我获益匪浅，尤其对教学的影响特别大。比如，我给学生讲中国革命史的时候，讲到井冈山、长征、延安等地，都引用了毛主席的诗词。我不但给学生讲，还把诗词打出来给他们看，并放根据诗词改编的歌曲。因此，学生都知道陈老师喜欢毛主席诗词。这点我特别感谢母亲。

4. 母亲教董巍缝被子

母亲不仅对我们严格要求，对第三代也是关怀备至，很是疼爱，但是又不是那种溺爱，都是从生活上关心、从精神上鼓励，从思想上给他们灌输一些好的东西。

董巍是我的孩子。在他高中二年级的暑假，母亲看他有时间，就像小时候教我们缝被子一样教起董巍。那天他在母亲的指导下，一针一线地缝好了一床被子。这床被子缝好后，母亲就写了一个赠言送给他：

巍巍17年华，自己动手创新生活，劳动是美好的，劳动是崇高的。董巍缝完被子的赠言，奶奶的话。

这个赠言特别能体现母亲对第三代的教育：要热爱劳动，而且要热爱劳动人民、尊重劳动人民，要从劳动中体会到自身价值的实现。我觉得写得特别好。

于若木与孙女陈晓丹在一起

于若木抱着董巍

于若木

陈伟兰：想起母亲，我们 挺感动的

1. "伟兰，你这样看书妈妈很高兴！"

我们家历来有读书的传统，父亲教育我们要"读好书，做好人"。母亲也要求我们多读书。我记得小时候母亲给我们买了特别多的书。我们的卧室里有一只很大的书橱，里头装满书籍，有《欧阳海之歌》《卓娅和舒拉的故事》，还有《希腊童话》《一千零一夜》等，古今中外都有。母亲经常带我们逛街，但一定要到书店去看看，母亲看见了好书，多贵都给我们买。有一次，母亲在书店里看到了一本叫《无脚飞将军》，给我们买回来了。我们都特别喜欢看，书中讲的是苏联的一位无腿飞行员的英雄故事。我们读完后，对书中的主人公充满了敬意。

于若木与三女儿陈伟兰

我们家的孩子还有一只公共的书橱，只要到了年龄，就可以到书橱里去拿这些书看。我记得，有一次我看了一本书，好像是《欧阳海的故事》，在厕所里看得不回去睡觉了——我们几个人睡一个屋子，在卧室开灯看书就影响到别人休息了。而厕所里有灯，离房间远一点，就影响不到别人。母亲半夜起来给我们盖被子，一看我不在床上，就到处找我。后来看见我在厕所里看书，母亲对我说："伟兰，你这样看书妈妈很高兴！"她鼓励我这样。我想起这件事，就觉得母亲对我们教导很多。

2. 母亲有自己的事业

母亲不甘心只带这几个孩子，多次讲过，希望为这个社会多作一点贡献。在她60岁的时候，母亲进入了营养学领域。在这个领域中，她一方面是学习，读了好多书；一方面参加各种研讨会；另一方面她还重新学习了英文。在卧室里和厕所里，到处都是母亲贴的英文单词卡片，都是关于营养学方面的。她70多岁的时候，就能在国际研讨会上照着稿子做英文发言了。

母亲给几任总理都写过信，提出一些营养学方面的问题，她提了很多很有价值的意见。学习日本战后给学生提供营养午餐，是她第一个向中央提出的建议。

母亲说，她到晚年算是专业人员，因为她的专业知识，才能为这个国家作贡献。她对自己的评价不是那么高，我觉得，母亲拼着全力去从事营养事业。在父亲遗体告别那一天，她在营养届有一个会，她对同行说，这个礼拜我不能参加，你们要原谅我。父亲去世对她来说是一个很大的打击，但是母亲很快就坚强地走出来了。一个星期后，她就去参

于若木

西子湖畔

1979年5月，
陈伟兰夫妇与父母
在杭州

加营养学界的会了。

从这一点来说我也很敬佩母亲，她不光是贤妻良母，她也有自己的事业。她想做这个事情，她说："我出来参加革命，我就是希望为这个社会作出贡献。"

3. 母亲对第三代很关心

我觉得，有了第三代以后，母亲对孩子也是非常在乎。我前后大概保存下来六七封，母亲给晨晨的信。

每年过春节或过生日的时候，母亲都会给孩子们5块钱压岁钱，并附着一封信，都是教孩子要如何做人。晨晨上幼儿园的时候，母亲就说："爷爷新年给了5块钱压岁钱，奶奶春节给了5块钱压岁钱，加起来一共是多少钱？"还说："要做巍巍的好哥哥，要爱护弟弟。要做毛毛姐姐和小欣哥哥的好弟弟，对哥哥姐姐要有礼貌，对长辈要尊重。"到了小学就是："尊重老师，热爱同学，热爱劳动，助人为乐。"中学的时候就是："中学是人一生重要的阶段，希望向老师学、向书本学、向先进人物学，做一个有利于人民的人，德智体美劳全面发展。"大学的时候则是："有理想，有抱负，脚踏实地的实现自己的理想。"母亲对孩子的教育令我印象特别深刻。

于若木

陈方：母亲值得我一生来学习

1. "不，我就在外面等妈妈！"

在生活中，母亲对我们要求严格。那时，家中有保姆，母亲仍要求我们自己动手洗衣服。每当洗完澡，洗好衣服，做完作业，我就高兴地跑到母亲那儿去说：我的事情都完成了。母亲总会欣慰地夸赞我。这是小时候的事情，我记得特别清楚。

小时候，我对母亲挺依赖的。那时，母亲在植物园工作，每次到家都很晚。做完作业后，我总是跑到门口的大街上等母亲回来吃饭。那时候，我们住的地方有警卫在门口站岗，他们担心我的安全，怕我冷。时间长了，就会打开门看看我

于若木在上海

还在不在,对我说:"你别站在外面等了,在里面等吧!"我说:"不,我就在外面等妈妈!"每当我看见母亲回来,就藏在电线杆后面,等母亲到门口了,我就赶快迎上去。母亲推着自行车问:"你在这边等我干什么?在家里等嘛,你的作业做完了没有?"我说:"我都做完了,我专门在这儿等你。"她说:"别等别等,赶快回去。"现在我想起这事,感觉等妈妈回来特别高兴。

2. 母亲把这个小家管得非常好

母亲和父亲共同生活了几十年,对父亲照顾得特别好。在工作上,母亲也当过父亲的秘书,但她从来没提过,我是后来看回忆录和有些专家写的文章才知道的。父亲在党的重要会议上的发言,或者给毛主席写的报告,很多都是母亲帮着誊抄的。这些誊抄的稿子部分保存在陈云纪念馆和毛主席纪念堂。母亲告诉我,她的字写得很清楚,父亲看着特

于若木在书房读信

陈方与父母在杭州云栖

别省力，也特别愿意用母亲写的发言稿和提纲去发言。

母亲虽然没有参与到像我父亲那样高级干部的工作中去，但是作为生活的助手，在方方面面都默默无闻地支持父亲，帮父亲管好这个家。我长大后，跟母亲一起聊天，她说："你爸爸是搞经济工作的，要管好咱们国家这个大家，为国家多做事情，他就没有过多的时间管我们这个小家。小家就要我管了，我要把这个小家管好。"母亲在照顾我们子女、照顾父亲方面，确实花了她毕生的精力。

3."母亲心灵手巧"

母亲不但关心食品营养，而且还自己动手制作食品。在母亲去世前几年，我们家有两样东西，味道特别好吃，一个是枣，一个是核桃，都是用母亲反复研究的工艺制作的。

于若木与次子陈方在星星峡

母亲做的核桃外面是酥的，里面是脆的，非常好吃。核桃是油性的，里面含有水份。要做到口感特别好，烤箱的温度要有变化。当核桃全熟后，再用中高温，彻底把核桃的水分和油性烤干，这样核桃才能吃出那种口感。

母亲做的枣也特别好吃。在抗战的时候，我们家在延安待的时间长，与当地的老乡建立了一辈子的友谊。每到秋天的时候，老乡就给我们家送枣。母亲把这些枣同拍碎的姜、红糖一同入锅，加水量与料持平，煮沸后改小火，煮至收干汤汁，去除姜渣，将枣盛入烤盘，然后放到烤箱里烤，烤到枣的表面不黏手即可。烤出的枣也是里面脆脆的，外面有点焦的味道，特别好吃。

到现在我还记得母亲做的核桃和枣。我们将来找个能大范围调整高低温度的烤箱，把母亲的手艺继承下来。

于若木与家人在一起

20世纪70年代全家福

于若木与五个子女在一起

2005年，于若木与家人在一起

参考文献

《于若木文集》,中共中央党校出版社1999年版

《于若木论学生营养》,中国青年出版社2002年版

《于若木与中国营养促进文集》,人民出版社2010年版

中国保健协会编:《于若木营养理念与实践画册》,2004年版

《陈云传》,中央文献出版社2005年版

叶永烈:《陈云之路》,广西人民出版社2005年版

魏敬群:《教育家于明信的一生行状》,《济南日报》2011年6月27日

南来苏:《于若木与西部贫困县的情缘》,《西部大开发》2007年7月

叶永烈:《陈云的"特殊秘书"——于若木》,《秘书工作》2007年4月

曹彬:《倡导厨师学习营养知识的导师——纪念于若木先生逝世一周年》,《海内与海外》2007年3月

周化辰:《于若木与白山老区的不了情》,《党史纵横》2006年7月

孙云晓、弓立新:《生命首先在于营养——访著名营养学家于若木》,《少年儿童研究》2006年5月

王春华:《陈云与于若木的"三"字缘》,《文史博览》2006年1月

李琦:《妻子眼中的陈云——于若木访谈录》,《党的文献》2005年7月

蒋建平、葛存洁、孙树侠:《于若木营养理念与实践》,《中国教育报》2004年4月12日

田玉安:《于若木谈宴席改革》,《中国机关后勤》1997年5月

党小卉:《发展速冻食品 方便千家万户——访我国著名营养学家于若木女士》,《经济与信息》1996年6月

叶进、陈诗信:《快餐店里话快餐——于若木谈吃饭问题》,《中国食品》1984年11月

于若木

后

记

　　为了纪念陈云同志夫人于若木同志诞辰95周年,2013年2月,陈云纪念馆启动《于若木画传》(以下简称《画传》)的编写工作。

　　在编写过程中,我们先后查阅了于若木同志的档案;采访了于若木同志的5位子女、陈云同志身边的工作人员以及与她一起从事营养工作的同志;前往北京、济南、延安等地征集了于若木同志的照片;参阅了学术界关于于若木同志的最新研究成果。在此基础上,我们编写了7万余字,配上300余幅照片,用27个篇章,全面地介绍了于若木同志的一生以及她对中国营养事业的贡献。

　　《画传》的编写得到了于若木子女陈伟力、陈元、陈伟华、陈伟兰、陈方以及外甥女孟运的大力支持,他们提供了许多素材,并审阅了全部书稿;得到了陈云同志生前秘书顾宗宏、新华社高级记者施宝华、《中国学校卫生》杂志原常务副总编邓书读等同志的无私帮助,他们对《画传》的编写提出了具体意见,并审阅了部分书稿;得到了中共中央办公厅老干部局、中共上海市委党史研究室、中共济南市委党史研究室、北京植物研究所等单位的支持,他们为《画传》的编写提供了方便。对他们的支持和帮助,表示最衷心的感谢!

　　陈云纪念馆馆长徐建平任主编,并审定书稿。纪念馆党总支书记兼副馆长马继奋任副主编,对《画传》的编写提出了许多重要意见,并多次审读书稿。陈列编研部的全体同志为《画传》的编写做了大量辛苦的工作,其中陈佳堃、李迪负责照片的征集、选用;陈渊撰写了《画传》前言初稿;房中编写了全部书稿;刘启芳、万飞、钱聪、杜娟、邢继攀、韩丹丹和郭金雨校对和修改了《画传》的全部文字。文物保管部为《画传》的编写提供了大量的材料。对他们的辛勤付出,表示最衷心的感谢!

　　由于时间紧迫,在编写的过程中,难免会有疏忽和差错,敬请读者原谅!

编者

2014年10月1日

于若木